2020

我们的故事

Our Stories

主编

李维华 王继同

Asian American Publishing

目 录

序

王辉云

2020年是不平凡的一年。这一年，新冠肆虐，岁月不再静好；政治动荡，前景令人迷茫。

疫情像一个幽灵，在全世界游荡。

自武汉爆发新冠疫情以来，病毒迅速传播，目前已造成七千八百多万人感染、一百七十多万人死亡，形成自第二次世界大战以来全球面临的最重大危机。医学发达且医疗条件较好的美国，也未能阻止疫情的疯狂传播，截至最新的统计数据，在超过一千八百万人被感染，三十三万多人死亡的情况下，新增病例仍在大量增加。当前，疫苗虽已问世，抗疫形势依然严峻。

上帝保佑美国，可病毒对美国并不宽容。

进入2020年，中美贸易战硝烟未散，新冠疫情悄然来袭，使美国经济面临自上世纪三十年代大萧条以来的最大威胁。自三月份疫情在美国爆发以来，政府要求民众保持社交距离，各州普遍颁布“居家令”，多数企业停工停产，非必要营运被迫关停，经济大面积“停摆”。受此影响，股市大幅震荡，消费需求锐减，企业投资萎靡，失业人数猛增。

经济形势的恶化必然加剧社会矛盾。5月下旬，黑人嫌犯佛洛依德因白人警察暴力执法致死，引发席卷全美的抗议种族主义示威游行，社会矛盾、种族矛盾及民众与政府之间的矛盾，终于找到突破口而集中爆发。疫情让人们看到了美国社会的不平等、低收入人群的脆弱性，以及美国卫生和社会保障体系存在的严重问题。

今年是美国的大选之年。疫情使党派对立变得更加尖锐，主流媒体也加入党派之争，进而导致严重的社会撕裂。现任总统川普应对疫情的表现，为人诟病。他本人及许多政府官员相继感染病毒并被隔离，加剧了社会的恐慌气氛。

由于疫情，这次美国大选，投票人数和邮寄选票之多都创下空前纪录，以致选举当天未能分出胜负。大选过后，两党候选人对大选结果产生严重分歧。尽管大选已过去一个多月，对选举结果的争议还在持续。这种扑朔迷离的政治局面，不但撕裂了美国社会，也可能造成宪政危机，无疑会在美国选举历史上产生深远影响。

今年发生的这些事件注定走进历史教科书，而我们每个人都成为历史的见证者。

说 2020 年是第二次世界大战以来最动荡、最混乱、最诡谲的一年，一点儿都不为过。亚美出版社社长李维华提议编纂《2020，我们的故事》时，我就觉得是个好主意。我们见证了历史，也有责任记录这段历史。

在风雨如磐的 2020 年，印州华人和美国各族裔的民众一样，活得都不轻松。年初，面对疫情的突然来袭和经济与社会动荡的挑战，这里的华人先是大量购买口罩等防疫用品，寄往中国，支援武汉人民抗疫。3 月份，美国疫情爆发后，他们转而又积极地为当地的医护人员捐赠防护用品，这种护完“娘家”护自家的行为让人感动。印州的华人社团和慈善团体在抗疫中发挥了极大作用，他们发动群众，募捐筹款，为一线人员提供及时援助，为树立华人群体的正面形象做出了重要贡献。

读了书中的文章，我为印州华人感到骄傲。

书中记载的何成师医生、孙斌、赵航、李佳女儿和李维华女儿等人抗疫的故事，读来令人动容。郑国和的《武汉封城日记》、何小华的《一位美国医生家属的2020》、胡少敏的《疫情无情人有情》、刘玲的《母亲的怀念》、黄念的《她，站在那里遥望》及高永进的《庚子疫情中的万圣节》等文章，都能让人切身感受到疫情对在美华人生活的重大影响。

尽管“人定胜天”的说法流行了许多年，但人能否胜天实在是值得怀疑的。在天灾降临的时候，既要“听天命”，也要“尽人事”。既然疫情改变了我们的生活，除了自救，做正确的事，那就顺其自然，顺势而为，使自己逐渐适应变化了的环境。无论如何，生活还得继续。

在这本书中，我们能多角度地看到印州华人生活的方方面面，感受到他们生命脉搏的跳动。虽然疫情猖獗，政府发布的“禁足令”也未能封停人们的生活，唱歌的、画画的、跑步的、摄影的，逛公园的，该干啥干啥，华人丰富多彩的生活在疫情中仍在继续。字里行间，我们不难看到印州华人积极向上的生活态度，处乱不惊的应变能力和乐于助人的美好品德，给人以无穷的向上力量和巨大鼓舞。

这本书的作者绝大多数是来自印州各行各业的华人，他们中的不少人都是我的朋友；他们在2020年的所作所为，我本来都有所耳闻目睹，今天再读这些故事，感到格外地亲切。这些用亲身经历写成的故事将成为宝贵的历史记录。更可喜可贺的是，我们的下一代也加入了书写历史的行列。

历史，对旁观者是故事，对亲历者可能还有喜悦和悲伤。最新一期《时代周刊》在封面故事中将2020年描述为“最糟糕的一年”。毋庸讳言，2020年带给我们这些亲历者更多的是苦涩。我们有幸亲自见证历史是一种荣幸；把这段经历写出来，保存历史记录也是我们的责任。

华裔历史学家黄仁宇教授曾提出大历史和小历史的概念。大历史侧重治乱兴衰，改朝换代；小历史则把视角对准普通人的日常生活及其喜怒哀乐，二者互为补充。有细节的生活纪录，亲历者的独特体验和认知，对诠释宏观历史事件是不可或缺的。

这本书给我的感觉是：出得非常及时，很接地气。一个个有温度的故事，不仅记录了我们经历的 2020 年，也将为后人研究 2020 年提供了真实的史料。

但愿，风雨过后是彩虹。

我从武汉来

金兆艳

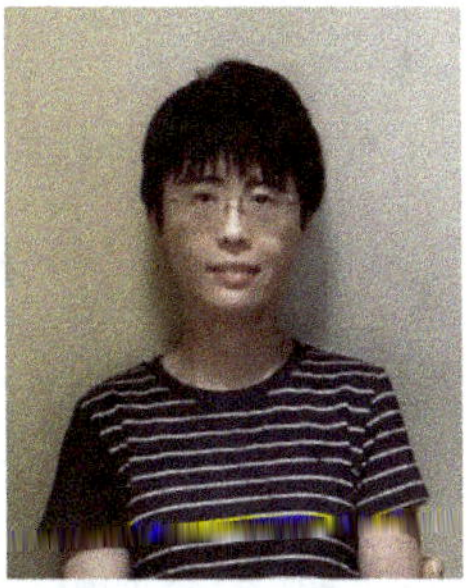

作者简介 湖北沙市人。大连理工学院毕业，来美后到克利夫兰市大学读研究生，2004 年拿到学位后被礼来公司录用，从事药物研发工作至今。2019 年底回武汉看望父亲，正值新冠疫情爆发。2020 年 1 月 18 日回美后参加礼来公司新冠核酸测试工作和新冠抗体药物的临床实验。

“我是武汉伢”，在 2020 年之前，这句话意味着家家[1]的糯米粑粑，粘粘甜甜；意味着穿街过巷的酒酿酿，香香醇醇。可是，2020 年之后，这句话却意味着新冠病毒，数百万人死亡，上亿人感染；意味着大疫情，全球大关闭，世界大恐慌。现在说一句我是武汉伢啊，心里满是沉重的痛，因为从 2019 年年末到 2020 年年初，我正在武汉，亲身经历了那场随后改变全世界的疫情大爆发。

每年春节临近时期我都会休假回武汉，陪同父母过年。2019 年还有特别之处，是父亲的八十岁大寿。生日是 12 月 31 日，2020 春节则在 1 月，在美读书的侄儿也寒假回家，我还有近三周的假期，于是毫不犹豫地订下机票，12 月中旬回家，2020 年 1 月 18 日与侄儿一同返美。

---

1 家家：武汉伢对姥姥的称呼

到家休息几日后，父亲同我先回老家沙市游玩，宴请答谢了当年教过我的老师们。以后我白天伴随父亲拜访他的发小和老同事，晚上忙着与同学吃喝聚会。27 日哥哥一家也加入我们，拉开了全家亲朋聚会的序幕，每天都在为如何吃到更多家乡美味精心规划，好不开心。

元旦拜别堂兄后，我们驱车返回武汉。路上闲聊，哥哥突然提到当日早上武汉市的内部文件说 12 月初发现非典病例，起源于汉口华南海鲜市场（注：武汉由长江和汉江隔为汉口、汉阳、武昌三镇），市里立即消毒整顿了该市场。谁想到消毒得太彻底了，以致于国家派来的专家们查不到病毒源。没过多久，嫂子说她在医院工作的亲戚提醒大家非典卷土重来，要格外小心。哥哥回忆 2002 年非典时期出门坐公交，一岁多的侄儿和家人非常紧张，总是警惕地观察每一个人，猜想谁感染了非典，怕自己不幸也被传染。哥哥嫂子开始商量如何防范。哥哥的科室负责订购 N95，他立即想到加大订单。他还想到自己车里的空气过滤系统可以挡住病毒，提议以后出行尽量用自家车，每天绕道接送嫂子上下班。当时能想到的也仅此而已，我们仍按原计划 1 月 4 日去赤壁泡温泉，吃海鲜农家菜。

哥嫂假期结束后上班头几天，每天回家都聊当天的病情通报，可两三天后就再没消息了。家里一切照常，只是把活动尽量局限在居住的武昌。期间我们还宴请了哥哥的一帮好友，考虑到非典通过呼吸系统传播，而水里的鱼虾贝类没肺可能更安全，就把请客地点订在了海鲜酒楼。父亲当年大学毕业后教的第一届学生已近七旬，结伴来家看望，后来父亲和我还参加了他们的团年饭。临近年关，酒店里很难订上桌子；商场里张灯结彩，人们忙着采购年货，很是喜庆祥和！ 人们沉浸在中国年即将到来的欢乐中，丝毫没想到武汉 10 多天后就被封城了。

不过，我已经有些异样的感觉了。陪父亲去协和看病开药，在医院地铁站看到不少人戴上了口罩，与病患接触的医生们也都戴了口罩。传染科还专门划出隔离区，作为发热门诊，里面医生们全副武装——防护服、手套、护目镜，如临大敌。还让我纳闷的是，江滩公园冷冷清清，晚饭后常常只有我们父女俩在散步，不再像往日那样，到处是跳广场舞交际舞、做健身操、打陀螺、放风筝和遛弯的人。侄儿有一晚戴着口罩去电影院，竟然成了他的个人专场。我当时想，刚过新年，天气阴冷潮湿，人们都在温暖的家中准备过春节吧。临走前几天，每日病情通报又开始了，我这才感觉到形势很不妙。

作者与父亲游黄鹤楼

1 月 18 日大早，我赶到武汉天河机场，进入机场前被要求用红外线测体温，可是机场的工作人员与乘客都不戴口罩。我乘坐的日航需要到成田机场转机，登机前，连我在内的大部分中国乘客都戴上了 N95，包括小孩子，机上的空乘也都戴上了口罩。但有些日本乘客没戴口罩，其他也一切如常。到达成田机场后，日本海关既不测体温也没有问询便放行了。当我看到候机室里无所顾忌的人群，便也取下了自己的 N95，感觉终于恢复了正常生活，心情大好。接下来顺利登上回美的飞机，依然没有被问询和测体温。

到达洛杉矶正赶上周日，海关工作人员少，自助区也没开放。等了好半天，终于轮到我了。海关官员看了我的登机牌后会心一笑，告诉我在一边稍候，我心想该来的还是来了。一会儿，一中年男子示意我跟他走，我心里不由地打起鼓来，不知将要发生什么，难道就要去传说中的小黑屋了？结果我走进的不是小黑屋，而是一个让我很好奇的大房间，长长的柜台把房间分为两半，柜台的另一边有位中年妇女。带我进去的男子笑着问我是否知道为什么受到如此待遇，我脱口而出：“可能因为我在武汉逗留过？”他随后让我填写了航班和座位信息，留下了我的住址与联系电话。那位中年妇女很礼貌地测量了我的体温，又递给我一张背景是武汉黄鹤楼的小卡片，随后嘱咐我，如果被确诊，让医生按照卡片上的信息联系 CDC。我当时觉得他们的工作很到位，又不禁感叹前天父亲还和我在黄鹤楼上眺望武汉三镇。事后从

作者与全家在武汉天河机场候机室

小侄处得知，他和同学同一天在芝加哥入关时，什么都没问就放行了。想想如果那时美国所有入境口岸的检测跟踪工作都如洛杉矶一样及时细致，也许新冠的传播会比现在好很多。

我们走后，武汉的疫情越来越糟，外地的亲戚纷纷喊话让我家赶紧撤离武汉。家里权衡利弊后决定留下来，认为真有事的话，武汉的医疗条件只会是最好的。事实证明这个决定是正确的。没过多久，新冠病毒就传播到了湖北其它地方。由于地方医疗条件落后，防护设备奇缺，当医生的同学经常在同学群里动员大家捐赠各种设备与物资。我们高中海外同学会在澳大利亚购买了大量防护物资，直接送到老家的医院。封城初期，小区只留一个进出口，感染人数及时更新，精确到每栋楼。生活物资也很紧张，哥嫂出去买菜要事先制定行动计划与路线，抢在刚开门时进店。因工作需要，他们在封城第 5 天就被要求上班，让我们很是提心吊胆，好在家里人与亲朋好友均安好无恙。

回公司上班后，我立马告知与我有接触的同事自己刚从武汉回来，如有发烧与咳嗽症状，一定要求他们的医生检测新冠。我也改在网上参加所有会议。尽管疫情还没有在美国扩散，但公司每隔几天都会公布新的差旅要求，很快就规定了从中国回来的员工需要隔离 14 天。我考虑到已回来一个星期，自己和与我接触的人都没有新冠或流感症状，就与老板商议在家工作一周。

当初流行这样一个笑话，说我们海外华人在与新冠的对抗赛中不仅打了上半场，还要打下半场。现在看来，我们又接着打了加时赛，也不知还要打多久。让我骄傲的是我工作的礼来公司很快意识到了新冠的严重性，立即采取了防止病毒传播的措施，还利用药物研制公司的优势，投入大量人力物力，用极短的时间研发了新冠病毒的核酸测试，并免费提供给大众。同时公司又马不停蹄地研发新冠治疗药物，在本文截稿时，已有两个药物获得美国食品药监局（FDA）的紧急使用批准，用于治疗不同程度的新冠病人。我也有幸为抗疫贡献了一份力量：参与组装测试盒、协助新冠检测、到很多老人院进行抗体预防与新冠药物的临床实验。

现在无论何时，回想起 2020，我这个武汉伢，有时还会情不自禁热泪盈眶。红尘浊浪终将过去，未来的某个朗月青天，我又会盘腿坐在竹床上，qi[1]一碗糊汤的热干面，huo[2]一口清茶……

---

1 武汉话：吃
2 武汉话：喝

我的武汉封城日记

郑国和

作者简介 1968届初中毕业生，曾作为知青下放湖北省红安县，返城后当过7年掏粪工。1977级大学生，毕业于武汉大学，后获俄亥俄州立大学日本文学博士学位。现任印第安纳州波尔州立大学(Ball State University)日语教授，2014−2016任该校外语系系主任。主要从事现代日本文学戏剧研究。

我和太太都是土生土长的武汉人，武汉封城前后，我随手做了一些记录，现挑选数篇公之于众，作为身在海外心系故乡的武汉人疫情期间所闻所想所为的见证。

1月22日

几天前开始的武汉家人每天微信视频都告诉我们在武汉三镇疯传的消息，说从汉口华南海鲜市场开始传播的新冠病毒来势凶猛，导致很多人中招。中招者病情迅速恶化，不乏死者和生命垂危者，因此拥有一千四百万人口的大武汉可能要封城。我太太家兄弟姊妹四人，她在美国，她哥哥在黄石，还有一个弟弟、一个妹妹在汉阳，老父老母一直跟着没有孩子的妹妹和妹夫住在一起。不知何时开始，每年到妹妹家和父母一起吃年饭成了她们家的传统。今年的年饭定于大年二十八中午，也就是今天中午。届时正在黄石住院的嫂子也会从医院溜出来和哥哥一起来武汉吃年饭。美国东部时间今早六点即武汉时间晚七点，我和太太从被子里打开微信，看到她哥哥已经发过来几张一家人吃年饭的照片。可是到晚上再看微信，发现她哥嫂那边出了状况。原来他们吃完年饭于下午赶回黄石后，医院里知道了他们去过武汉，坚决不许她嫂子再进医院的大门，说是她必须立刻出院，回家隔离。下面是她的微信原文：

“麻烦啦。我们俩今天到武汉吃年饭的事被医院知道了。下午一回来医院微信通知我明天必须安排没有到武汉去过的人来医院办出院手续。可是我们在黄石的亲人只有一位九十岁的老母亲呀。这可怎么办呢？”

1月23日

传闻几天的消息今天终于被证实了：今天上午10点开始大武汉正式实施封城：城里的人员车辆一律不准出去，城外的人员车辆一律不准进来。这一消息迅速传遍了全世界。说起来武汉这个城市一夜间闻名世界也不是头一次，而是第二次了。上一次是109年前作为武昌起义即辛亥革命的发祥地，这次却成了冠状病毒的爆发地。

据武汉市长周先旺的说法，武汉封城前大约有五百万人从武汉流出。实际困在武汉的人口大约九百万。至于武汉人困在外地无法回家的以及外地人被困在武汉无法离开的人数则没有统计，想必也是个不小的数目。

听到武汉封城的消息，我太太为故乡的疫情发展担心之余，半开玩笑地对我说道：“这次我可是捡了一条命啊”。我立刻懂得了她的意思。她从小体质弱，每年冬春季总要发一次支气管炎，咳嗽到整个胸部都是疼的，持续好多天不愈。去年年底，她跟我商量，说是来美国三十多年了，一次也没回去过过年。现在退休了有时间，很想趁父母亲健在，在春节期间回武汉探亲。本来这不过是订张机票就可以搞定的简单事，可是家住纽约的女儿那边说是工作压力大，又有个两岁半的小外孙经常生病，希望妈妈能待机过去帮他们一把。就在这样两头难得兼顾的犹豫不决之中，武汉爆发了疫情。如果回武汉过年的计划实现了，我太太一定会被困在武汉。像她那样有基础病、抵抗力差的人感染上冠状病毒的概率很大，而且一旦感染凶多吉少，所以她说这次捡了一条命并非耸人听闻，而是她的真实感受。

今天太太家人来了一条微信，报告她弟弟、弟媳因为年饭后住了一晚，被困在她妹妹家，不能回他们自己在汉阳的家。

1月24日

中国的官方传媒报道了中共中央、国务院于昨天上午即武汉实施封城的同一时刻在人民大会堂举行了2020年春节团拜会。习近平在团拜会上的讲话中，居然对武汉封城这样史无前例的大事件只字未提。同样2020年的春晚照原计划举行，春晚的节目从头到尾对武汉封城也只字未提。不久网上就有段子手发帖子对此提出抱怨，曰："优伶春晚齐歌舞，医患危城半死生——求横批。"

1月25日

今天是大年初一。疫情大爆发中我们家里却传来令人高兴的好消息。我太太在上海的侄女生下她的第二个女儿（二宝），听说生产后会立刻转入中国现在颇为流行的月子中心，开始她的“坐月子”。二宝出生时不巧新冠疫情肆虐中国，各地停工停课、交通管制、人流管制，他们小学三年级的大女儿只能和爷爷奶奶呆在家里，不能去看妹妹。姐姐看到妹妹可能要等到满月以后。好在现在有微信，天天可以视频。

2月3日

岳父今年 97 岁，岳母也是 89 岁高龄。他们二老平时是小病不断的。比如我岳父有多年的糖尿病史、痛风病史，还有带状疱疹后遗症引起的腿部神经疼，动辄就要住院。这次封城以来，无数冠状病毒患者一床难求，天天有报道说有人等不到床位就死在家里了，还有人出现发热症状，不知是不是感染了新冠病毒就跑医院，结果在那里染上了新冠。令人惊奇的是，我的岳父岳母封城十几天以来居然完全没事儿，这真是不可思议。在各医院全力以赴救治冠状病毒感染者，门诊完全中止的情况下，两老的表现真的是给了玉琴（我太太的妹妹）最大的鼓励和支持，也给了远在太平洋彼岸的我们极大的安慰。

2月7日

今天传来李文亮医生因感染冠状病毒不幸去世的消息。李文亮是武汉中心医院的医生。去年 12 月 30 日，他在同学群中发了一条关于华南海鲜市场传染病疫情的信息，对同为医生的同学发出警告，提醒他们注意自我防护。其实，那病毒并不是 SARS 病毒，而是一种全新的病毒。几天后，他被公安局以“在互联网发布不实言论，造成不良社会影响”为由提出了严厉警告，并要求他签训诫书，训诫他如果不听从劝告和悔改，继续从事违法活动，将会受到法律制裁。李文亮去世的消息传来，网上群情激愤，大家纷纷为这位冠状病毒的“吹哨人”鸣不平。网上的段子手立刻发帖子称：封口导致封城。

2月9日

昨天在微信里看到一则介绍日本人民为中国抗击疫情捐赠物资的帖子，特别感人。帖子讲到两批次捐赠品包装箱上写着的两行诗。“日本汉语水平考试 HSK 事务局支援湖北高校物资”包装箱上写着：“山川异域，风月同天”。据微信视频介绍，这两行诗的作者是日本天武天皇之孙，高市皇子之子长屋王(684-729)。该诗收录在《全唐诗：卷 732-11》里，其下有注：“长屋，日本相国也。”诗的全文是：“山川异域，风月同天。寄诸佛子，共结来缘。”唐玄宗时，中日佛教界交往密切。长屋王因为崇敬佛法，制作了千件袈裟，委托遣唐使赠给唐朝僧人。每件袈裟上都绣着他的这首诗。唐代高僧鉴真大师得知此事后，深为感动，毅然决然，六渡扶桑，弘布佛法，谱写了中日关系史上最感人的篇章。1300 年后的今天，这首诗在中国人民与冠状病毒疫情抗争最为艰苦的时候与日本人民的捐赠品一同抵达，再次谱写了中日友好的感人篇章。

另一批捐赠品的包装箱上则写着“岂曰无衣，与子同裳”的诗句。据视频介绍，这两行诗出自《诗经·秦风》，是战国时期秦国的一首战歌。翻译成白话文就是“怎么能说没有衣服呢？来，咱们同穿一件战袍！”箱子里装着的捐赠品不是别的，正是中国抗击疫情一线医务人员最需要而又短缺的的防护服！

正如视频解说词所言，“（中日之间的）历史不应被忘记，但今天发生的一切就是明天的历史。”令人欣慰的是中国外交部发言人华春莹对日本人民的捐赠做出了积极正面的回应。她说，“此次疫情发生以来，无论是日本政府还是社会各界，都给予了中国很多同情、理解和支持…… 我想很多中国网民和我一样都注意到了日本人民这些温暖人心的举动。在当前抗击疫情的艰难时刻，我们对其他国家人民给予中国的同情、理解和支持表示衷心感谢，铭记在心。”

2 月 18 日

外婆外公的表现依然令人称奇，武汉封城快一个月了，两老能吃能睡，一次也没有抱怨身体哪里不适，真是给我们帮了天大的忙。可是家里的顶梁柱子玉琴（我太太的妹妹）却出现了状况：从昨天开始她感到发热。一量体温，摄氏 38.7 度。这可是给一家人出了个大难题。去医院检查吧，怕本没有染上冠状病毒的却在医院染上；不去检查吧，又怕万一真是染上了冠状病毒在整天封闭的家里会传给弟弟、弟媳、她先生和两位老人。听到这个消息我太太一整天魂不守舍，甚至还跟我说万一全家人都中招死去，连个收尸的都没有。我赶紧叫她不要说那些话，不吉利。她却带着哭腔说，武汉不是已经传出来那么多死了无人收尸、丢弃的手机成堆的视频吗？对此，我无言以对，只在心中默默祈祷玉琴不过是患了感冒。昨天在网上读到湖北电影制片厂导演常凯因新冠肺炎医治无效于 2 月 16 日去世。他的绝命书令人不忍卒读，也证明我太太的担心不是没有道理的。下面是常凯的绝命书：

> 除夕之夜，遵从政令，撤单豪华酒店年夜宴。自己勉为其难将就掌勺，双亲高堂及内人欢聚一堂，其乐融融。殊不知，噩梦降临，大年初一，老爷子发烧咳嗽，呼吸困难，送至多家医院就治，均告无床位接收，多方求助，也还是一

床难求。失望之及，回家自救，床前尽孝，寥寥数日，回天乏术，老父含恨撒手人寰，多重打击之下，慈母身心疲惫，免疫力尽失，亦遭烈性感染，随老父而去。床前服侍双亲数日，无情冠状病毒也吞噬了爱妻和我的躯体。辗转诸家医院哀求哭拜，怎奈位卑言轻，床位难觅，直至病入膏肓，错失医治良机，奄奄气息之中，广告亲朋好友及远在英伦吾儿：我一生为子尽孝，为父尽责，为夫爱妻，为人尽诚！永别了！我爱的人和爱我的人。

2月19日

晚上视频得知，玉琴他们决定冒险一搏，就在自己家里隔离。于是家中的烧饭洗衣、打扫卫生等家务活都由弟弟、弟媳承担，妹夫则负责餐后洗碗打杂。每天的饭菜送进玉琴自我隔离的房间里。我为他们捏一把汗。好在有微信，还可以直接与玉琴通话，询问她一天天感觉怎样。

2月20日

今晚与玉琴视频，得知今天早些时候，我们在加州工作的儿子通过视频问候了她。他直接与姨娘联系，这是头一次。我们甚至不知道儿子那里有姨娘的微信地址。这让我和太太特别高兴。玉琴姨娘自己没有孩子。我刚到大学任教时因为要写书，我们把儿子送回中国，让姨娘帮我们带过一年。小时候姨娘对他的疼爱使他和姨娘产生了感情。在姨娘最困难的时候，来自美国的外甥的问候让姨娘感到十分欣慰。我们这个美国生美国长的儿子没少让我们头疼伤心，我太太甚至不止一次对我说“有些人不要小孩是对的。要了尽让你伤心。”可是今晚儿子自发的对姨娘的问候，让我愿意原谅他的一切过错。回想起来四年前我女儿带着美国女婿回武汉时，我心中梦想着她一定会替我当面向我的恩人陈妈妈表示感谢，感谢老人家对我的一辈子报答不完的恩情。结果不仅我梦中女儿跪在地上向陈妈妈谢恩的场面没有出现，反而是她若无其事地收了陈妈妈从微薄的退休金里拿出来的礼金，让我至今于心不安，无颜以对陈妈妈。龙应台所说的割裂了的记忆就这样把我们两代人的思想感情完全隔绝开了吗？

2 月 22 日

今天的好消息是玉琴所患的不过是感冒，已经退烧了。有惊无险，我们一家人悬着的一颗心终于可以放下来了。

从一月二十五日起，网上开始流传《方方日记》。方方是武汉作家，几年前读了她的中篇小说《软埋》，对她的选题和写作手法印象很深。现在网上的 《方方日记》每天更新，是我了解武汉疫情和武汉老百姓状况的重要窗口之一。昨天的《方方日记》里有一段很重要，我把它摘录如下：

> 另有一件事，我也要特别记录在案：武汉一位叫肖贤友的病人去世了。临终前，他写下两行共十一字的遗言。但是，报纸宣传时，却用了这样的标题：《歪歪扭扭七字遗书让人泪奔》。让报纸泪奔的七个字是："我的遗体捐国家"。而实际上，肖贤友的遗书还有另外四个字："我老婆呢"？更多的百姓为这后四字而泪奔。临终前提出捐献遗体很感人，可是临终前剩下最后几口气，仍然惦记着老婆，同样感人呀。报纸标题为什么不能写《歪歪扭扭十一字遗书让人泪奔》，而要特意去掉后面四个字呢？会不会编辑认为爱国家才是大爱，爱老婆只能算小爱？报纸是不屑于这种小爱的？

2 月 24 日

这两天国内网上出现不少关于老人院里老人被感染的报

道，于是我十分挂念陈妈妈。陈妈妈于 2018 年 12 月 18 日住进老人院，至今已有一年多。根据我陆续收到的陈妈妈在老人院生活的文字、照片和视频，那里的条件还不错，老人也很快乐。可是疫情下 92 岁高龄的陈妈妈怎么样了呢？过去我写微信问进生，他会发给我相关的信息。可自从去年 12 月我给他转发了我写的我与陈妈妈的故事，他就不再与我联系了。显然那篇文章惹他生气了。到底是文章的哪里惹他生气了呢？我百思不得其解，却不得不承担其后果，那就是我再也听不到关于陈妈妈的新消息了。关于疫情期间照顾中国鳏寡孤独老人问题，今天《方方日记》有一段写得很精彩，我抄录如下：

> 但我更想说的是：检验一个国家的文明尺度，从来不是看你楼有多高、车有多快，不是看你武器多强大、军队多威武，不是看你科技多发达、艺术多高明，更不是看你开会多豪华、焰火多绚烂，甚至也不看你有多少游客豪放出门买空全世界。检验你的只有一条：就是你对弱势人群的态度。

3 月 5 日

前几天的日记里我提到了龙应台所说的割裂了的记忆。其实割裂了的记忆不一定非要留学美国或者台海隔绝才会造成。同样生活在大陆的不同年龄段，甚至于同一年龄段的人之间也会出现记忆的割裂。比如今天的《方方日记》写了 3 月 5 日是周恩来总理的生日，雷锋的纪念日后，接着写了大陆人群里出现的记忆的割裂：

> 但是，还有一个人，恐怕业已被人遗忘，或者在有些人的记忆里，根本没有存在过。他叫遇罗克（1942 年 5 月 1 日—1970 年 3 月 5 日）。五十年前的今天，他因言获罪，

最终被枪毙。他只活到 27 岁。像我这种“文革”后最早参加高考的大学生，几乎没有人不知道他的名字。我们曾经因为他的命运，而思考民族的命运国家的命运和我们自己的未来。有人认为，遇罗克的文章并不深刻，讲的只是常识。是的，正是常识。可我经常会觉得人们对“深刻”的追求，存在误区。常识就是从最深刻的道理和最频繁的实践中拎出来的。常识是深刻中的深刻，比如，人生而平等。北岛曾经为遇罗克写过一首纪念的诗，诗中有一名句，多年来一直在各种文章中流传：“在没有英雄的年代里，我只想做一个人。”有时候，想做一个正常的人，守着常识生活，都不是易事。

3 月 10 日

李文亮医生去世后，人们都把他称作新冠病毒的“吹哨人”。没想到李文亮身后还有一位英雄，那就是中国《人物》杂志 3 月号《发哨子的人》一文报道的同为武汉中心医院的艾芬医生。艾芬于 12 月 18 日和 30 日先后发现两例病毒患者。第二例发现后她第一时间向医院公共卫生科和院领导部门报告，并转发到科室医生微信群。艾芬的检测报告于当天被该院眼科医生李文亮发在同学微信群组里，并被大量转发。这就是为何艾芬被《人物》杂志称为给李文亮“发哨子的人”。然而，《发哨子的人》一文在网上登出后立刻遭到封杀。关于这一事件，3 月 10 日的《方方日记》里有如下的记述：

> 从昨天到今天，中心医院艾芬医生的名字在全网流传。网络封杀已经引发民怒。人们像接力赛一样，删一次，再发一次。一棒接着一棒。各种文字，各种方式，让网管删不尽，灭不完。在删了发，发了删的对抗过程中，保留下这篇文章，变成人们心中一个神圣职责。这种神圣感几乎来自于一种潜意识的觉悟：保护它，就是保护我们自己。一旦走到这一步，网管，你还删得过来吗？

3 月 18 日

今天是个值得特别纪念的日子，因为湖北武汉的新增病例首次归零了。这是个非常了不起的成绩。政府动用了举国之力，于 2 月份在武汉建立了武汉火神山医院、武汉雷神山医院以及 13 所方舱医院。2 月 5 日武汉的方舱医院开始收治患者，3 月 10 日最后一家方舱医院休舱，其间共收治患者 1.2 万余人，并实现了“零感染、零死亡、零回头”。

昨天支援湖北的医疗队开始陆续撤离。他们冒着风险在湖北最危急的关头，前来营救。我作为一个湖北人、武汉人，对他们每一位都怀着感恩之心。据报道，四万多名医疗队员，无一被感染， 这也是个了不起的奇迹。

与此同时，美国的疫情却越来越凶。我们学校从本周一（3 月 16 日）开始全部改为网课，学生被要求全部回家。其中就有不少中国留学生。然而，网上出现了对因疫情不得已回国的留学生的极端冷漠甚至敌视的论调，比如“建设家乡你不行，千里投毒第一名”，“祖国拿你当亲人，你把祖国当冤大头”。我相信持这种观点的人是极少数。此外，也确实有“千里投毒”的例子。比如几天前就有报道说一位黎姓女子明明在美国接触过确诊的病人而且自己已经出现发烧症状，但为了回中国治病，在洛杉矶登机前服用退烧药向乘务人员隐瞒自己的病情。黎某的行为无疑助长了上述的论调。

4 月 8 日

今天，武汉解除离境管控，武汉天河机场开始复航，武汉火车站也开始回复运营离境火车。虽然市内小区的封锁还将持续，但是我的内弟、弟媳已获许可，结束了他们长达 76 天的武汉封城生活，返回了他们自己在武汉的家中。

4月24日

有人说："此次疫情，中国打上半场，世界打下半场，海外华人打全场。"这话一点也不错。中国的疫情得到有效控制后，欧洲，美国的疫情越来越严重，媒体上也出现了歧视华人的报道。针对这种形势，我们学校的几个华人教授决定以波尔大学华人教授的名义为我们社区做点实事。杨键生等几位教授和我一方面帮助抗疫，一方面向社区显示华人积极参与本地抗疫。上周开始，伍绍恩、张博文、顾谦农、杨键生和我共同向"华人教师微信群"发倡议，号召大家捐款以购买美国仍紧缺的口罩。几个月前为支援武汉抗疫大家都捐过款，这次大家仍然积极响应倡议，几天内我们收到19位教授的捐款3000美元，购买了3000个外科口罩和600个N95口罩。今天我们把口罩送到了需要这些口罩的两个部门：波尔大学校警总部和IU Memorial Hospital。

我想借用《方方日记》的结束语来结束《我的武汉封城日记》：

那美好的仗我已经打过了；
当跑的路我已经跑尽了；
所信的道我已经守住了。

生死之间——疫情一线的经历

何成师口述 李维华整理

人物简介 何成师，1982 年在广州医学院获医学学士学位。1987 年到美国，通过医生执照考试后，在圣路易斯医院内科做住院医 3 年，1998 年到印城就职。何医生热心华人社区的公益活动，曾任印城华夏文化中心董事长 4 年。

三月初，何成师医生到印城远郊绿堡（Greensburg）的迪凯特郡纪念医院（Decatur County Memorial Hospital，简称 DCMH）顶班，在 3 月 18 日诊断并收治了该郡的第一位新冠肺炎病人，之后又陆续收治了六位。到 4 月 4 日，因感染率印州排名第一（263.6/10 万），绿堡的市长上了电视。以下为何医生自述的在印州抗疫第一线的亲身经历。

迪凯特郡纪念医院

DCMH 坐落在印州东北部的绿堡，迪凯特郡的首府。迪凯特郡在印城的东南边，从印城的 74 号公路出发，约 1 个多小时的车程。这里是典型的印州玉米地，地广人稀，全郡人口约两万五千。不过此地也有一绝，就是郡政府大楼顶上的那两颗过了百岁但仍旧郁郁葱葱的桑树（mulberry tree）。当地人以此为傲，并把该城取名绿堡。如果你去印州博览会，还可以看到用这两棵树的树枝做的纪念品。

当我两周前被临时招聘到 DCMH（下图）顶班时，我想，去这样一个岁月静好的地方，远离印州疫情中心，应该是最安全不过的了。谁想到，我这次却"中了个头彩"。

第一个新冠病人

3 月 18 日一早，我从印城开车来上班，医院一切如常。虽然当时印城已有 56 个新冠病毒确诊病例、两位患者死亡，但疫情离这里似乎十分遥远。医护人员依然按部就班，从容不迫，不时讨论一下好似远在天边的新冠病毒肺炎，就像与我们不会搭上一点界、沾上一丝边似的。

大约在早上 11 点，我正在查房，忽然接到通知，急诊有一个多叶肺炎病人要收入院，要我去看。我听到是多叶肺炎就有一点紧张，立马戴上了一个外科口罩去了急诊室。这是一位 60 多岁的女病人，比较胖，主诉是咳嗽、气短。仔细检查过她之后，我认为这不像是一般的细菌性肺炎。从 X 光片上看，两侧肺部都有大片多叶侵润；再看她的血象，白细胞偏低，特别是淋巴细胞很低。虽然当时不能马上检测新冠病毒，按照她的以上化验结果，我将她诊断为新冠病毒肺炎，并马上把她的样品送到州卫生机关去检测。尽管被告知要 4-5 天才知道结果，我仍然坚持立即按照新冠肺炎收入医院治疗。

这位病人的病情发展之迅速实在罕见。她刚来时的症状为咳嗽、呼吸困难，有低烧（华氏 100 度）。仅过了两个小时，就用上了氧气。病房护士观察，病人的状况一个小时一个样，尽管不断提高供氧量，但仍无改善，病情不断恶化。我们不得不开始把鼻氧管换成面罩，到第五个小时所有的办法已经无效，我决定给她插气管上呼吸机了。几日后这位病人不幸去世，成为该郡死于新冠肺炎的第一位。尽管我给她用上了羟氯喹、阿奇霉素和锌。

第二天，没想到一下又来了三个相似的新冠肺炎病人，把我着实吓了一大跳。而且其中一位 70 来岁的男病人和昨日病人一样，又是几小时内就不行了，我只能也给他插管上了呼吸机。第三天，急诊又送来两个新冠肺炎病人。至顶完班离开之前，我一共收了七个后来确诊新冠肺炎的病人（因为送到州里检测需要 4-5 天）。

后来我了解到，这几例新冠肺炎都可以追踪到在当地最近的几个集会，特别是一个教会的活动和一个篮球联赛。至 4 月 2 日为止，仅有两万多人口的迪凯特郡，已有 59 位新冠阳性病人，死亡三例，成为印州农业区的热点（hot spot）之一。

医院的应急措施

在此之前，这个有 50 张床位，门诊、急诊室一应俱全的郡级综合医院完全处于毫无准备的状态。除了看呼吸系统疾患的医生，所有医护人员基本不戴口罩，也没有隔离病房给新冠肺炎病人使用。特别是医护人员和管理层没有任何预防恶性传染病的意识。所以在新冠肺炎病人刚来的最初两天，整体情况非常糟糕，不仅我，所有医护人员都感到恐惧。

在此仅举一例，第一位病人的妹妹就是这个医院的护士。在姐姐住院治疗之后，她频繁出入姐姐的病房，不戴口罩，也没有任何防护措施。我看到后立即告诉她，要来看姐姐，就必须做好个人的防护。可是她离开病房后，又到医院各处随便走动。我又赶快去制止她，说虽然你姐姐还没有确诊，但你这样有可能会把病毒带到医院其他地方，造成院内感染的。我还联系医院管理部门，说明这种情况的危险性，坚持这位护士妹妹要不就呆在姐姐的房间里不要出来，要不就不能让她再来医院了。

我向医院管理部门解释说，对于用呼吸机的病人，气溶胶会弥漫很大的空间，哪怕病房是处于负压状态，也不能确保病毒不会通过空气传播到房间外面。所以，我建议医院必须马上建立隔离区，严格控制人员的出入，确保不发生交叉感染，保护医务人员和病人的安全。

即便如此，如果新冠病毒的高峰真的在 4 月中下旬到来，我认为这个医院就现在的状况，是绝对应付不了的。现在医院共有 5 个隔离间，有的配备呼吸机，在我走之前就已经满员了。而且保护医务人员的个人防护用品（PPE）也是绝对不够的。

医护人员的防护

在我开始治疗新冠肺炎病人之后，医院给了我一个 N95 口罩，告诉我用完后放在纸袋里，要重复使用。我说这样很危险，因为在纸袋里，口罩外面的病毒会污染口罩的另一面，下次戴口罩时引起感染。不如把口罩挂起来的好，这样即使病毒不会失去活力，至少不会感染自己。

我在收治了第一个病人后，马上要求所有医务人员在院内戴口罩，但管理人员回复说，根据美国疾病控制中心的标准，如果不在病房里接触新冠肺炎的病人，就不必戴口罩。我说，如果医院收了很多新冠肺炎病人，医务人员还不戴口罩，恐怕他们很快就会被感染，医院不久就只能关门了。后来新冠肺炎病人不断涌入，医院在 3 天后不得不设立隔离区，禁止家属来看望病人，要求医院的所有工作人员戴口罩。我认为 DCMH 是全印州第一家要求所有医护人员和进入医院的人员全戴口罩的医院。

不过，N95 口罩至今还是紧缺。在我接触新冠肺炎病人的第二天，我太太赶快去买了些 N95 口罩送给我使用。这里我还要特别感谢华人社区的捐赠，我现在暂时还可以自保。但其他医护人员就不行了。他们每天只发一个口罩，不戴时放在纸袋里，反复使用。最危险的是那些护士，她们需要经常到病房去护理病人，打针、吃药、翻身、喂食等等。反复戴一个 N95，弄不好交叉感染是很危险的。

至于医务人员的防护，美国和中国有天壤之别。大家在微信中看到，中国的医护人员进病房之前要穿里三层外三层，所以，从外地支援武汉的医护人员无一例外都没有感染。相对而言，我看新冠肺炎病人时，外面穿一个黄色隔离衣，前面系带，后面没有遮盖；遮盖只到膝盖，从膝盖到鞋之间没有保护；戴一个 N95 口罩、一个护目镜，所以脖子、耳朵和其他护目镜及口罩不能盖住的地方是没有保护的。我认为麻州和纽约很多医务人员感染就是因为保护不够好。我一个在纽约做麻醉医师的同学，她也是在一线负责给新冠病人插管上呼吸机。插管上呼吸机时被感染的危险性最大。她在我们同学群里悲哀地说："我的防护就像裸奔，随时都有被感染的风险，如果这次抗疫不死（毕竟风险太高，又不能当狗熊），将是人生的一大经历。"我真的有同感！

自从直接与新冠肺炎病人接触后，为了不传染家人，我要求不回家住宿，医院给我在附近旅馆订了一个房间。上周日我到礼来公司去检测，幸好是新冠病毒阴性，让我稍稍松了一口气。谢天谢地，迄今为止这个医院还没有发现医护人员感染。而且他们所有人面对凶险的新冠病毒，都履行着医务工作者义不容辞的责任，毫无怨言。

新冠肺炎的治疗

目前对新冠肺炎的治疗，还没有什么特效药。我们现在使用的组合是：羟基氯喹（hydroxychloroquine）、阿奇霉素（azithromycin，即 Z-Pak，一种治疗继发性感染的抗生素）和硫酸锌（zinc sulfate）。其机理为，羟基氯喹可以打开不易进入细胞的锌的通道，让锌发挥其阻止病毒合成的作用。不过我的经验是，这些药物对中度和轻症病人或许有效，但对于重症病人是无能为力的。而且，轻症病人的好转也未必是药物作用，很可能是病人自愈。因为目前没有临床实验中必需的正常对照作为对比，很难从这种应急使用的结果得出结论。

何医生对华人社区的建议

1. 在家里，别出去。

2. 出去买菜时戴口罩、一次性手套，回来把手套扔掉。

3. 近视的最好戴眼镜，不要戴角膜接触镜，多一层防护。

4. 出去回来第一件事是洗手。

5. 平时注意不要摸面部。

原载于 2020 年 4 月 3 日《亚美导报》

一位美国医生家属的2020

何小华

我先生何成师是在医院工作的家庭医生。每年冬天都是我们滑雪的季节，一到他的休息周，我们就一同去不同的美西雪場滑雪，享受在银白色的山岳间疾速飞跃带来的兴奋。可是，2020年的冬天却非同寻常，年初武汉疫情初起，印地来自武汉的朋友们组织了抗疫行动，我也和他们一起，捐款买口罩运往武汉，高喊加油口号。不过，我总觉得新冠疫情还只是在大洋彼岸，有种隔岸观火的感觉。我照常和先生、好友到西部滑雪。

哪知到了3月初，病毒就潜入印州。先生受邀到小城绿堡（Greenburg）去顶班，第二天就碰上了该院的第一个新冠病人，而且是重症患者。先生当晚回家告诉我，我一下就呆了。意识到新冠疫情不仅到了印州，而且真真切切地进入到我自家的地盘。虽然我本人平时天不怕地不怕，但这回的确让我胆战心惊。

我对自己先生的专业知识绝对放心，他在美国行医20多年，经验丰富。可是新冠肺炎是呼吸道传染疾病，小小的病毒，看不见摸不着，如果没有足够的个人防护用品（PPE），后果不堪设想。可怕的是那时医院对新冠肺炎的治疗没有经验，所有医院的N95口罩与PPE极为匮乏，很多医护人员都没有口罩戴，接触新冠病人时必须戴的N95口罩也只能反复使用。我先生工作的小医院最初完全没有隔离的概念，我们都担心他在没有防范的情况下感染了病毒。幸好那时礼来公司刚有了为医护人员提供的新冠检测，我先生赶快去了，两天后得知结果阴性，让我稍稍放心了。

不过，最让我担忧的还是我86岁的老妈妈，她已经与我们同住十几年了，新冠病毒对高龄老人的危害极大，我真心不希望她有任何意外发生。可是我一直没在家"设防"，楼上楼下，屋里屋外，竟然找不到一个口罩。情急之中，只好根据我在生物实验室工作多年积累的经验，赶快把老妈妈在家里"重点保护起来"，不让她与我先生有任何接触，把每顿饭端给她，一切严格保持社交距离。

我将自家的情况在微信群朋友圈里简单说了一下，马上得到了反馈，好几个朋友把自家收藏的口罩送到我家门口。在口罩紧张、人人需要防范的时候，朋友们拔刀相助的热情真让我感动。那一个周末，正好赶上宇童教育和几个华人组织在卡梅尔图书馆为医务人员收集口罩，他们委托我把一些收集到的口罩交给我先生。到我先生周一去医院上班时，他的车上装了100多个N95和几箱外科口罩，救了他们医院的急。

这一有惊无险的亲身经历让我有了一点经验。我觉得与其把自己关在家里，不如做点有益的事情。于是，我用社交媒体动员大家去为医护人员的安危签名请愿，一听到有关口罩出售的信息，立马行动。当时美国民众还没有戴口罩的意识，我居然在本地的建材商店买到了一些美国制造的N95口罩，随即给先生送去，还分配给天天在门诊和参与紧急救护的医生朋友们。

作者与志愿者募集的部分PPE

与此同时，远在上海的好友也积极想办法，跨洋邮寄N95口罩给我，可惜中国海关不允许大批出关。在接下的几周里，我继续和几个华人组织收集民间的N95口罩和PPE，然后送到印州的医院、老人院、警察局和消防队。后来，我还参加了宇童教育等组织发起的送餐活动，用华人社区的捐款，请四川餐馆做好香喷喷的美味午餐，送到St Vincent医院急诊室。我们还得到了教画画的周候芊老师的热心帮助，她让孩子们画画感谢医务人员。我们把画贴在饭盒上，医护人员们收到热乎乎的带贴画的免费午餐，都十分感动。

疫情期间精神紧张，特别是在执行政府禁足令的几个月，我的心理压力山大。好在有朋友们的关爱，让我深感人间的温情。我也逐渐学会了自我减压，除了在社交媒体上与朋友切磋面食厨艺，还与跑友一起用跑步的方式筹集资金。虽说这些行动都微不足道，但的确让我觉得自己的日子过得不再那么压抑。

2020年的日子一天天地过去，终于有了各种口罩出售，也盼到了对新冠肺炎的有效治疗，还有疫苗的研发成功。现在，我们已经开始盼望在2021年的冬天再去滑雪啦。

不上战场的战士

——印州华人三维打印面罩支援医护人员

李维华

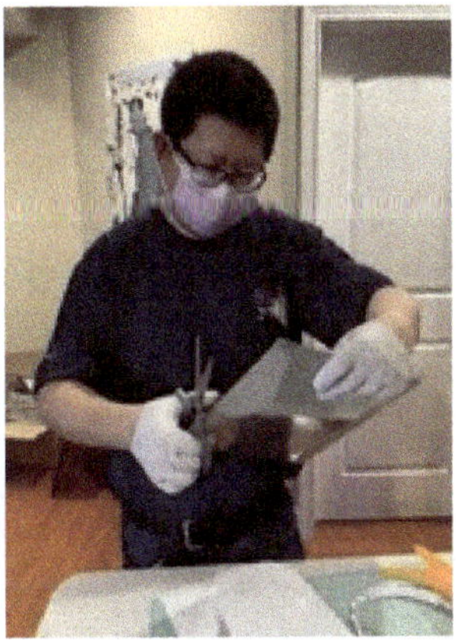

人物简介 孙斌，北京人，1995年毕业于华中农业大学，主修经济学。1997年到荷兰留学并与太太认识结婚。1999年来美，在俄亥俄州立大学继续深造，2004年获统计学硕士。以后到印第安纳大学医学院、礼来公司工作，2008年转罗氏公司任职。新冠疫情在美国爆发后，该公司是第一个正式加入研发新冠病毒检测的机构。

面罩，面罩！

四月初，我和在离印州布城（Bloomington）不远的一家郡立医院工作的女儿通了话，她说最近附近一个老人院新冠病毒感染严重，不断有病人被送来诊治，一周内她已经看护了6个新冠肺炎的病人了。我问她个人的防护用品够不够，她说很缺N95口罩，全院只有10个面罩，50个医护人员分配重复使用。我一听就很着急，这简直太危险了！于是马上找朋友熟人帮忙。虽然找到了些口罩，但面罩却是个难题，网上没有卖，也没有工厂生产，从中国

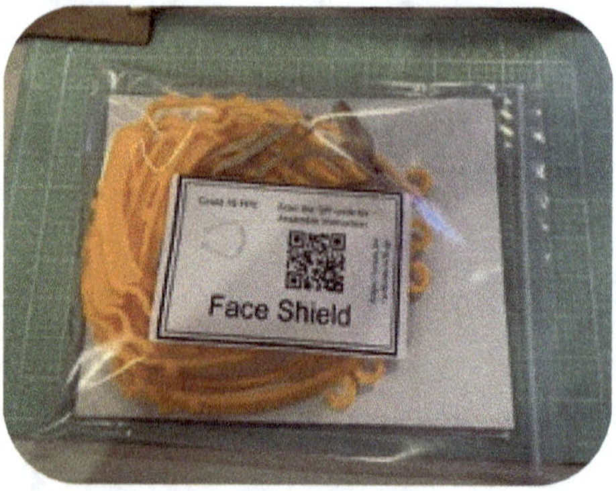

包装袋里有面罩架和面罩膜

购买没有渠道，而且远水解不了近渴。最后，一位朋友介绍说，本地华人社区的孙斌正在用他的三维打印机做面罩，并帮我联系好了他。我一听喜出望外，问好地址，马上驱车前往。

面罩车间

门铃刚一响过，孙斌太太就开了门，笑盈盈地将我请进门，并把正在忙碌的孙斌叫了过来。孙斌着一身休闲装，平头中等个，脸上带着自信从容。他满口的京腔一下就让我意识到这是老乡见老乡了。一进门，我马上看见过道一侧放着一箱已为我准备好的 50 个面罩，每 10 个装在一个塑料袋里，上面贴着英语说明。孙斌解释说，这种没有组装的面罩是为邮寄用的，扫一下口袋上的二维码就可以看到组装的视频了。

工作间一角

说明来意后，他马上带我参观他的面罩车间。看得出来，这里原是一个装潢讲究、有吧台和娱乐区的地下室。现在正中排放着一箱箱的原材料和工具，旁边几张小桌子上有打孔机、半成品和成品。最吸引人的是靠墙的长桌子上一溜摆开的 3 台三维打印机，发出有节凑的嚓嚓声，就像一个繁忙的流水线。这是我第一次看到三维打印机，而且是在打印现在医务人员紧缺的面罩。我愈发好奇。

三维打印

十多年前三维打印机发明后，不少有心人很快发现，这是一个几乎无所不能的利器。一个小小的打印机，能够把特殊的塑料融化再凝固后一层层地叠加上去（每层 0.2 毫米），在电脑的控制下打印出带有几何特征的任何形状的成品。一直对机器人感兴趣的孙斌很快意识到，三维打印机的原理与机器人有共通之处，便立即买了一台在业余时间尝试。不久他就打印出了很多自己设计的机器人零件，还有了不少发明。三维打印很快成了他的业余爱好。自从疫情在全球爆发后，很多过去自娱自乐的三维打印能手就开始在网上讨论如何把自己的特长派上用场。有的研究打印面罩，有的琢磨打印口罩，还有的研究打印呼吸机。3 月中旬开始，美国的疫情愈演愈烈。随着住院病人的增加，个人保护用品的需求越来越大，货源开始枯竭，不少医务人员被感染。为解燃眉之急，美国政府放松了管制，解除了一些平时对医用器材的严格要求。此时，三维打印能手们看到了他们的用武之地。

制作面罩

治疗病人时，面罩对于医务人员来说，最重要的就是遮盖口罩不能保护的面部和眼结膜。孙斌介绍说，医用面罩看似简单，但必须满足几个要求，如必须遮住人脸以外两英寸左右的空间，也必须盖住额头，不然气溶胶有可能落进面罩。现在最被认可的就是孙斌采用的瑞典面罩设计。其程序于3月29日在网上公布后，马上就在Facebook引发了三维打印能手们的热议。经过几次改进，该设计成为可适用于任何三维打印机、成本低、便于运输的最佳面罩设计。因为孙斌熟悉用三维打印搞设计，运用这个新程序毫无障碍。他还尝试做了一种美国国家健康学院（NIH）认可的面罩，工艺比瑞典设计复杂一些，但比较重，需要3小时打印完，运输也有限制。

三维打印技术的另一个亮点是用普通的原材料，来达到医用的要求。打印夹子的材料是无毒无味的玉米淀粉做的塑料缆线，用过后可以降解。打印在华氏210度进行，又起到了杀菌的作用。面罩部分是可以在市面上买到的透明文件封面，把角剪去，用打孔机打6个孔，就可以和支架组装在一起了。生产后马上包装，运到需要的地方。孙斌强调操作时戴口罩、手套，整个过程基本在无菌的状态下进行。孙斌生产的不少面罩已送到印州的医疗机构，而且也寄到了纽约，满足那里紧急的需求。不少使用了这些面罩的医务人员都对孙斌生产的面罩赞赏有加。Eskenazi 医院的护士长 Michelle Wilkin 说，这些面罩戴上很舒服，使她们在十几小时的紧张工作中少了一些忧虑。

全家上阵

对于孙斌来说，用自己的三维打印机制作医用面罩，不仅是一个技术上的探索，也让他有机会参加抗疫。看到一线的医护人员不顾自己的生命危险救护病人，他被这种精神感动。尽管自己不能到第一线去出力，但如果自己制作的面罩能在未来的几周里帮助医务人员渡过难关，也给了他一种参与的欣慰和无可比拟的享受。孙斌的行动得到全家人的大力支持，太太帮他一起腾挪地下室，在家上网课的大女儿和小儿子听说爸爸的行动很兴奋，两人立马表示很愿意参与。孙斌认为这也是教育孩子的难得的好机会。

积极参与打印面罩工作的女儿和儿子

现在技术含量高的活还是由孙斌亲自动手。他把打印面罩的软件装上电脑，调整好参数，以便每台打印机同时打印三个面罩的夹子部分，40 多分钟可以完成 9 个简易的面罩夹子。他检查后再开始下一批。现在他负责保证三维打印机正常运转，检查质量，必要时改进、调整；孩子们负责给面罩部分打眼、组装、装袋、贴标签，太太负责做家务，打扫卫生。一家人分工合作，一天可以生产面罩 50 个左右，全部捐献给在抗疫前线的医护人员。

面罩远景

现在世界各地的很多三维打印能手和机构包括印第安纳大学和苹果公司都已投入医用面罩的生产，用自己的技能和才智支援抗疫第一线的医务人员。他们有一个共识，一旦疫情在中东和非洲的一些医疗条件差、人口密度高的地区爆发，其后果会比在发达国家严重得多。所以那里是最需要帮助的地方。现在他们在世界各地，无偿地贡献自己的时间、精力和财力，争取疫情在发展中国家爆发时出一份力。

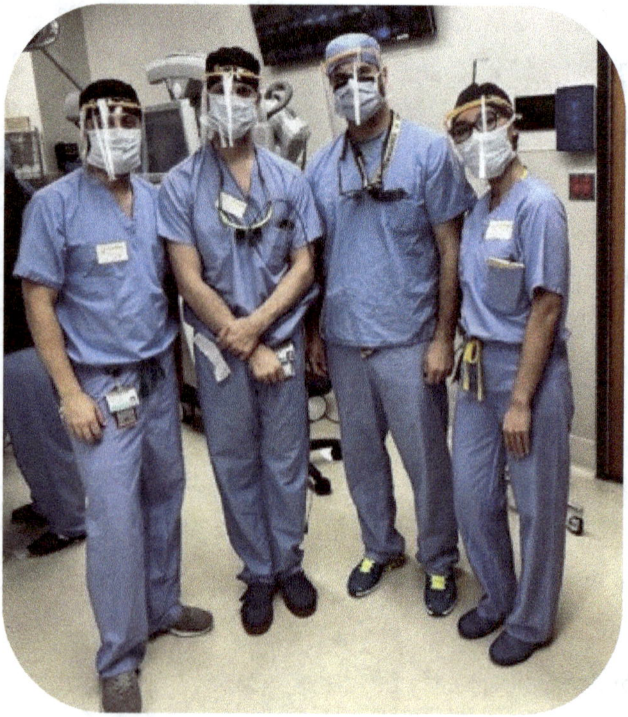

Vanderbilt 医院的外科医生们戴着孙斌打印的面罩

原载于 2020 年 4 月 17 日《亚美导报》

礼来新冠药物获批背后的故事

李维华

11月9日，美国食品药监局（FDA）批准了礼来公司研发的新冠抗体药BAM（全称Bamlanivimab，又称LY-CoV555）的紧急使用申请。次日，在印州小城Jeffersonville的一所医院，两位老年新冠患者接受了BAM治疗。

BAM用于治疗感染新冠病毒的早期轻中症患者，使他们的病情不会转重。目前全球感染新冠病毒人数逼近5700万、全美逼近1200万，而且每日新增病例以数十万的速度升高，住院病人持续增高，医院不堪重负，在这种危急情况下，BAM获批的消息无疑是振奋人心的！

消息传来，礼来团队欢欣鼓舞，他们再接再厉，五个生产基地开足马力，预计在今年年底生产出100万支BAM。据悉，BAM在美国的售价约1250美元一支，但保险公司已经允诺全部支付。

在通常情况下，一个新药从研发到投入临床使用，要耗时10年甚至更久，但礼来公司这次在全球危急关头，仅用10个月的时间就成功研发出有效药物，这期间的努力与付出，不言而喻。那么，这10个月，礼来经历了什么？除了研发药物，作为全球领先的医药公司，他们还为人类与新冠的战斗做了些什么？

无偿的奉献

2019 年底，新冠疫情在武汉爆发。两个月后，礼来中国分公司捐给中国红十字会 15 万美金用于抗疫；在美国本土，礼来基金会捐给美国非营利组织 Direct Relief 10 万美金，该组织把用募集资金购买的个人防护用品装了几架飞机，直飞武汉；随后，基金会又捐给美国的希望项目（Project HOPE）15 万美金，作为抗疫用款。

Courtesy Project HOPE

捐献给武汉的抗疫物资

哪知，新冠病毒很快就漂洋过海，在美国传播开来。3 月 6 日，印州卫健委报告了本州第一个新冠病例。3 月 15 日，印州产生第一个因新冠肺炎死亡的病例。3 月 13 日，礼来基金会捐给社区经济复苏基金（United Way）50 万美金，用于救助受到新冠疫情影响的组织和个人。如果该公司里有员工和退休人员捐献，基金会还配捐两倍的款项。随着疫情的加重，很多人失去了工作的机会，没有了医疗保险。然而原有的疾病并不会消失，而且还成为对新冠患者的潜在威胁，如糖尿病。4 月 7 日，礼来公司宣布，启动礼来胰岛素价值项目（Lilly Insulin Value Program）：

无论有无保险，所有糖尿病患者可以用 35 美金的价格购买一个月用量的礼来公司生产的胰岛素。此外：

- 4 月 27 日，礼来基金会资助 Marion 郡 150 万美金，用于学生上网课、家庭联网。
- 5 月 12 日，礼来基金会和其他组织联手，资助了印州的 56 个社区组织，共计 400 万美金。
- 众多礼来公司员工自发参与社区抗疫活动，出钱出力花时间，不胜枚举。一方面，在经济上礼来公司给予社会大力支持；另一方面，作为医药公司，礼来公司也积极投入与新冠病毒的抗争中。

新冠检测

小小的新冠病毒，是人类看不见摸不着的隐身敌人。它们寄生在人体细胞内，繁殖、传播、伤害个体，再传染他人，循环往复。比起其他冠状病毒，感染新冠病毒的患者一半左右没有症状，因此传染力超强。所以，在没有新冠疫苗之前，控制新冠疫情的关键是检测感染者，摸清病毒的去向，立即隔离感染者。

在正常情况下，根据已知新冠病毒基因序列，建立一个新冠检测方法，对于礼来公司来说是手到擒来的事。但在病毒无处不有的环境里，做好这项工作，然后付诸应用，就不那么简单了。3 月 9 日，礼来公司宣布，为了雇员的安全，降低病毒传播的危险，所有非必要人员在家网上工作。可是，文字工作、一些技术工作固然可以上网做，会议可以在网上开，但负责新冠检测的部门却不但要冒着可能被病毒感染的风险去上班，而且要把工作做得更好更快。

Andrew Schade 是临床诊断实验室的病理学家。3 月，他出现咳嗽和气短的症状，检测后发现已感染新冠病毒。正巧，公司要求他的实验室建立新冠病毒的检测方法。他立即着手工作。但很快，Andrew 就感到远距离的网上操作很困难，比如取材料、解决技术问题等。最后他想了个办法，请同事把他的 iPad 装在一个滚动的机器人上，开动视频程序，让 iPad 按他的指令在实验室“走动”，建立了高质量的新冠检测方法。

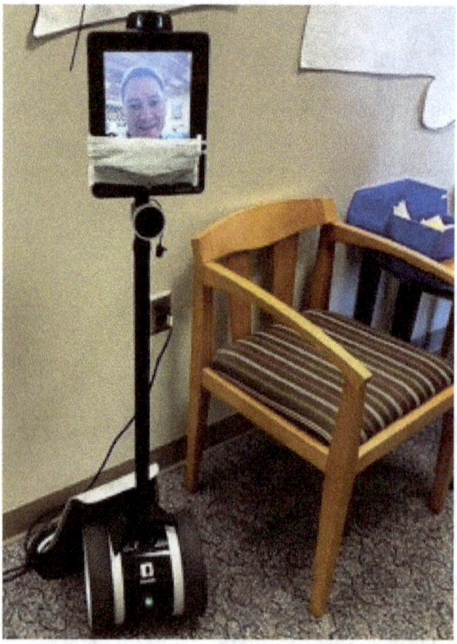

Schade 博士隔离期间的视频机器人

3 月 22 日，礼来公司宣布，次日开始为印城地区医护人员、一线人员（警察、救护、消防队等）提供 Drive-through 新冠检测服务。实际操作上，“服务”包括热线电话、记录被检测人信息、将结果通知被检测者本人及其家庭医生，还要每天下午 5 点向政府部门上报数字。这些都是礼来团队过去没有做过的额外工作，需要大量人工。时间紧急，到哪里去找这些可以“服务”的工作人员？在公司的号召下，很多员工自愿报名参加，在完成自己本职工作的前提下，接电话、发传真、统计数字，边干边学，每天为近千人检测，大部分周末还要加班。在礼来团队的努力下，疫情初期印城因检测点不够造成的困难得到了缓解。

新冠抗体

对付新冠病毒最有效的办法是预防病毒侵入人体和治疗已感染病毒的病人。根据多年来积累的经验和技术能力，礼来公司从一开始就把目标锁定在了研发新冠抗体的疗法。4 月，礼来公司的 CEO David Ricks 做出了一个冒险且昂贵的决定，宣布公司新泽西州生产基地停止生产一个治疗结肠癌的实验用药，为生产新冠抗体做准备。他说，“这听上去有点疯狂，可是全球疫情爆发，这是我们应该做的事。”彼时，新冠抗体的八字还没有一撇呢。

抗体疗法，首先需要大海里捞针，从早期新冠患者恢复后的血清中寻找一个对新冠病毒有最强抑制作用的抗体。再用分子生物学方法将其复制为单克隆抗体，然后用大规模细胞培养来量产，最后提纯，进行临床测验。这是最复杂的药物研发过程。到目前为止，单克隆抗体药物仅限于治疗癌症和自身免疫疾病。大规模生产单克隆抗体，用于全球新冠病人，是前所未有的大胆设想。

研发 3 月 12 日，礼来公司和加拿大温哥华的 AbCellera Biologics Inc. 签署了一项合作协议。AbCellera Biologics Inc. 是一个小规模的药物研发公司，拥有一项前沿技术——“芯片实验室”（Lab-on-a-Chip），最适用于根据抗原筛选血清中的抗体。深知生产大量抗体将面对巨大挑战，礼来公司把目标定在了 4 月中。可喜的是，AbCellera 在获得一个早期康复患者的血清后，只用了 52 天，就找到了 500 多个候选抗体。礼来公司和 AbCellera 又根据与新冠病毒的结合力，筛选出了阻断新冠病毒与人体细胞结合的最强抗体——BAM，完成了在正常情况下需要 17 个月才能完成的工作。

量产 为了防止新冠病毒感染，公司把原本 65 人的抗体研发团队减少到 20-30 人，每人都穿上隔离衣，戴上口罩、手套和面罩。为了节约时间，公司还买了一个移动无菌实验室，专为最后封装抗体用。不过这个移动实验室空间狭小，人与人有时只有几英寸距离，员工们不得不事先演习动作顺序，以免发生意外。5 月底，礼来公司生产出了第一批 BAM，可以开始一期临床测试——把“芯片实验室”筛选出来的在体外有抑制新冠病毒效用的 BAM 送到医院治疗新冠病人。

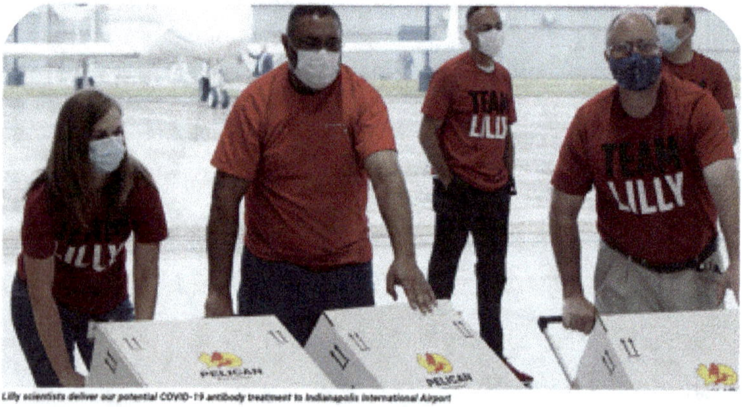

礼来公司工作人员将一箱分装好的 BAM 送到纽约曼哈顿

临床实验 公司选择了纽约、亚特兰大和洛杉矶的三所医院进行临床实验，并计划在 BAM 运到当天就给新冠病人进行静脉注射。因为疫情期间航班有限，公司特地用自己的礼来专机运送 BAM。5 月 30 日，Adam Scott 和几个同事把一箱分装好的 BAM 送往纽约曼哈顿 NYU Langone Health。在飞机上，他心里忐忑不安，很担心去疫情重灾区的医院会被传染，而且自己有多年的 1 型糖尿病。飞机降落，医院派车接机，在办好所有手续后，他在医院药剂师的陪同下进入医院，把那箱 BAM 交给了负责医生。在立即返回的专机上，同事们举杯庆祝全球第一个新冠抗体临床实验开始。飞机还没有落地，纽约医生已经给第一个新冠病人注射了 BAM。

决策 不仅礼来公司，还有其他几个制药公司（Regeneron, AstraZeneca, GlaxoSmithKline with Bir Biotechnology）也在研发单克隆抗体。而且，Regeneron 生产的鸡尾酒单克隆抗体还在川普总统感染新冠的治疗中，起到了关键作用。那为什么礼来公司的项目成为第一个得到紧急批准、应用于临床的药物呢？原因之一是一个关键的决策。Regeneron 用的是两个抗体的鸡尾酒，在临床实验中增加了很多变量。在反复权衡之后，礼来团队决定使用一个抗体进行临床实验。幸运的是，早期临床实验的结果显示，BAM 的小、中、大剂量都有治疗效果。这样一来，首批生产出来的抗体，就可以用小剂量来治疗，从而覆盖更多的病人，扩大其效用的观察面，而且这样做产生的副作用还小。这一关键决定和好运大大加快了临床实验的进程。

移动实验室 8 月 3 日，礼来公司宣布，开始 BAM 的最后一期临床实验，对象包括老人院的老人和工作人员。新冠病毒对老年人的杀伤力最大，截至 11 月 18 日的数据显示，印州死于新冠肺炎的 4830 位患者中 77% 为 70 岁以上的老人，而老人院患者占所有死亡人数的 56%。老人院的轻症患者很多，如果能让他们的病情不恶化，将可以减轻他们及其家人的痛苦，降低新冠死亡率，也可以减轻医院的压力。不过按惯例，老年人一般不是早期临床实验的对象，疫情期间老年人到医院更有可能增加他们和实验人员被感染的风险。那怎么知道 BAM 对最需要救助的老年患者是否有效果呢？礼来团队决定，把 BAM 临床实验“送到”老人院。原来，在做早期临床实验的同时，礼来团队把这个棘手的

印州州长 Eric Holcomb（身穿蓝衣戴眼镜者）与礼来团队在移动临床实验室前合影

问题交给了一组研发、供给人员和工程师，让他们研究如何组建移动临床实验室。他们集思广益，决定购买数辆大房车，拆掉原有的内部装修，设计、改建、组装成低温储藏库、化验室、实验室和病房。仅用了 30 天时间，礼来团队就完成了数个移动“临床实验室”的所有设计、制造，与美国国家科学院联手，启动了在全美国几个老人院的 BAM 临床药理实验。9 月 16 日，礼来公司宣布，BAM 在 2 期临床药理实验中，减少了轻症新冠患者入院治疗的人数。10 月 7 日，礼来公司向 FDA 递交了 BAM 的紧急使用申请。

问题 但是，事情并不如希望的那么顺利。10 月 13 日，因为安全问题，礼来公司宣布停止住院病人注册参加 BAM 临床实验；次日，中止了这项临床实验，原因是治疗效果不理想。10 月 20 日，FDA 在常规检查中发现，礼来公司新泽西州 Branchburg 的 BAM 生产基地在生产过程中有不规范的步骤，不得不暂时停产。不过，这些问题并没有停止礼来团队的脚步，反而让他们更明确了，BAM 的适用者是早期轻症病人。很快，BAM 在 Branchburg 生产基地解决了技术问题，恢复 BAM 的量产。

下一步 10 月 28 日，美国政府与礼来公司达成协议，以 3.75

亿美元购买 30 万剂BAM。但是，面对全球日增 50 万新冠病例的需求，大批量生产仍是一个挑战。礼来团队对此早已有了准备，美国和其他国家的五个生产基地将投入BAM的生产，目标是在 2020 年底生产出足够治疗 100 万轻中症新冠病人的用量。

结语

在百年不遇的新冠疫情中，礼来团队做出了一件了不起的事情——用不到10个月的时间，研发出治疗早期轻中症新冠患者的有效药物，在全美医院的压力与日俱增的时刻，把药物送到了抗疫第一线。正如礼来团队的一位资深科学家所说："回顾在新冠疫情中研发新药的过程，礼来团队的精神起到了关键作用——群策群力、互相鼓励、最终见效。作为团队的一员，我对礼来公司在这一公共卫生危机中所做的贡献感到骄傲。我们厚积薄发，多年的积累终于在这一最需要的时刻，发挥了治病救人的作用！"

参考文献

1. www.lilly.com/news
2. Trump Got Regeneron's (REGN) Govid-19 Antibody Drug – You Might Get Lilly's (LLY) – Bloomberg, October 29, 2020
3. How Eli Lilly Developed Covid-19 Drug in Pandemic's Long Shadow. Wall Street Journal, November 10, 2020

原载于 2020 年 11 月 20 日《亚美导报》

疫情中我在联络中心的亲身经历

周玉萍

作者简介 2002年考入浙江大学，主修化学，辅修德语，4年后本科毕业保送读本校研究生。2008年硕士毕业后来美，在Mass-Amherst大学攻读博士学位，师从Richard Vachet。2013年博士毕业后受聘于礼来公司，工作至今。

我是礼来公司的实验科学家，大部分时间都在实验室做与药物研发有关的研究。

2020年3月6日，印州出现了第一个新冠阳性患者，以后病例逐日增多。3月下旬，公司向雇员发邮件，说新成立的新冠病毒检测中心很缺人手，特别是联络中心（Call Center），急需找一些人帮助接电话，记录需要做新冠检测的人的信息以及安排检测时间。

看到邮件，我的心中既有忧虑，又希望能在此时贡献自己的一点力量。我似乎听到两个声音，一个说，你赶紧去报名当自愿者吧；另一个声音说，是不是应该找另一个职位去帮忙，因为接电话不是自己特别擅长的事情。犹豫中，第一个声音越来越响亮，终于，我做出决定，报名成为一名联络中心的自愿者。接下来就是马不停蹄的培训，学习使用新的软件，了解联络中心的工作需求。对我来说，这是一个从来没有做过的工作，一开始我还有一点疑虑，不过还是鼓励自己克服一下，用心学习。在不到一周时间内，我完成了所有培训，安装了软件，学会了如何使用，随即走马上任。

第一天在联络中心上班，我心里很紧张，每次接电话前，都需要做一个深呼吸，再集中注意力接听，先问来电话者一些基本信息，快速判断他们是否符合公司的要求，如果符合，就帮助他们安排检测时间。没想到，我很快发现，很多人都很感激礼来公司提供的免费新冠检测服务。听到他们感谢的话语，我愈发觉得自己做的事情意义重大。

刚做了两天自愿者，我又收到邮件，询问谁能在两个月内坚持做接电话的工作。这次我没有犹豫，马上就回邮件说，我愿意。

四到五月，我都在联络中心接电话。新冠检测的很多规定经常改变，我必须与时俱进，每天在接电话前就熟悉新的规定，如哪一类人是可以检测的。一开始，只是医护人员、急救人员，后来很快就增加了一线人员和高危人群。我每天早上不到7点就起床，7点半看相关信息，8点电话开通，一接就接到晚上5点，中间只有40分钟的午饭时间。每个周末还会有一天时间需要继续接电话。

我有两个小女儿，一个8岁，一个4岁。刚开始，她们总会不时出现在我家里的办公室，对我接电话的工作有不小的干扰。于是我找了个机会，跟她们解释了妈妈在做的事情。她们明白以后一致同意，妈妈做的事情很重要。两人答应我在家里办公的时间不再来打扰我，让我集中精力接电话。

周玉萍一家

当然接电话也有不顺利的时候。比如，我遇到过一些态度不好的病人，质疑我“你为什么需要这些信息”，或说“我不知道怎么去检测”，“我女儿也得了新冠，我已经好长时间没见过她了”，“我现在很不舒服，我不知道该怎么办”。每当遇到这种情况，我都对自己说，站到她/他的角度想一想，对方正经历一段特别艰难的时期，我需要耐心地去帮助他/她。然后我把自己的嗓音变温和一点，多说一点温柔的话，多一点关心和同情。说“让我来帮助你吧，等我们打完这个电话，你就能明白怎么来检测了。”快打完电话的时候，我总是会再问一句，“还有什么能帮到你的吗？”

我印象深刻的一次是对方在弄明白了具体情况后，情不自禁地说“You know, I think you are an angel, oh, yes, you are.”这个声音给了我两个月工作的最大回报。再分享一件有趣的事情。大概接了两周电话，脚本和该问的问题都已经很熟练了，一接电话就说：“Hi, my name is Yuping, thank you for calling to schedule an appointment……”可有几次我听到按键的声音，对方问“怎么会是机器人，我想跟真人说话？”于是赶紧解释，我不是机器人。

在联络中心工作，我真正地感受了“礼来团队（Team Lilly）”的精神。联络中心是由一群来自不同部门但志同道合的礼来员工组成的一支特殊的队伍。我们被分成了两组，称为“西海岸”和“东海岸”，我被分在了东海岸组。每个组都有一个医疗人员，一个小组长和一个技术支持。有时候我们在接电话的过程中，需要快速找到一些医生的信息，或者需要了解一些其他有关情况。这时，我就立即给组长或医疗人员发信息，准确的答案很快就会传过来，过程之迅速，可以用“秒回”来形容，整个流程效率极高。据统计，在印第安纳州，超过40%的新冠检测都是礼来公司的实验室完成的。尤其在印州新冠疫情早期，礼来公司几乎是印第安纳州唯一可以检测新冠病毒的机构，而且免费。

参加礼来新冠检测联络中心工作的这两个月，是我特别繁忙但也是最令我难忘的两个月。我每天接很多电话，虽然我和通话者从未谋面，但他们的声音让我深切地感受到了病毒的真实存在，以及各种可能的新冠症状。与此同时，我也学会了感恩，并且更勇敢地挑战自己，做一些对社会有益的事情。

记于2020年11月28日

庚子无悔可追忆 宇童有缘逆行人

——宇童教育抗疫记事

回玉华

作者简介 1983 年西安医科大学药学院获药学学士。1986 赴美，1993 年普渡大学药学院天然产物化学博士。在亚培制药工作近 10 年，后转礼来公司任职至今。热心社区公益活动，曾在礼来中华文化会、卡梅尔学区、印城滑冰俱乐部及印城华夏文化中心中文学校任职。现为宇童教育理事长。

宇童教育（Children's Eyes on the Globe，简称 CEG）是 2019 年成立的一个公益机构。 这个机构延续了它的前身中华联合助学基金会的主要宗旨，帮助中国的贫困儿童获得更好的教育，并为美国的孩子介绍中国文化，以促进中美教育文化交流并推动华人参与美国当地社区的公益慈善活动。此机构没有全职人员，完全由志愿者组成。

2020 年元月下旬，武汉爆发疫情。海外华人在最短的时间里，组织募捐，采购医护用品，向湖北捐赠口罩等医护用品。3 月初，印州一位白领去波士顿开会感染新冠，成为本州的 1 号患者。当时，人们并没有太多恐惧，认为该病例也许是个案。没想到疫情很快就真的到了印州，不可逆转地扩散开来，口罩等防护用品很快被抢购一空。

让人焦心的是，有些坚守在一线的医生护士因为买不到口罩，只好自己缝制棉布口罩用于工作防护。这时，我们感觉到作为一个本土公民，必须做点事情，帮助我们赖以居住的美国社区，改变一下社会对华裔缺乏社区奉献热情的看法。宇童教育召开了紧急理事会，决定暂停今年所有的文化课、文化活动和部分中国助学项目，来捐款帮助美国社区抗击新冠病毒。下面是宇童教育在抗疫中引领的三个项目中的一些故事。

保护弱势群体

3 月初，全美各州的学校纷纷把课堂教学改为居家上网课。这给印城低收入家庭的孩子及老人造成诸多烦恼与困难，因为这些家庭的孩子到校上课，是校方提供给他们免费午餐，现在不能去学校上课，家里有限的收入就必须首先用于购买食物，抗疫防护用品便被挤到了次要位置，甚至负担不起。为了改变这个状况，CEG 理事会决定帮助他们。

CEG 在 2019 年就与 Mary Rigg Neighborhood Center（MRNC）和 The Villages 有过合作关系。MRNC 是 1911 年成立的社区公益组织，致力于服务印城低收入人群，并帮助新移民及其子女早日适应印州的工作和生活。多年以来，MRNC 将自立生活所需要的工作技能传授给失业者，还为低收入家庭的孩子们提供了课外活动场所和学习环境。The Villages 则是礼来公司基金会于 1978 年成立的公益机构，专门服务疏于照管和被虐待或遗弃的儿童，为他们寻找并提供稳定的家庭和生长环境。

这次疫情中，MRNC 率先决定为 40 名学生及其家长准备食物，让这些不能去学校上学的孩子和他们的家庭有足够的食物渡过难关。我们非常支持他们的善举，但觉得孩子们也需要了解

卫生防护的知识和家庭必备的卫生防护用品，以避免意外的感染。于是，CEG 决定跟 MRNC 和 The Villages 再次合作，尽快把卫生防护用品送给这些孩子们和他们的家庭。

理事会全体成员和志愿者们立即投入了紧张的工作。在卫生用品紧缺的情况下，大家想方设法在两天内购买了洗手液、香皂、面巾纸、消毒剂和一次性手套等用品，分装成个人卫生包。每个包中还附有一张理事龚菲设计的简单明了、生动有趣的个人居家卫生指南。3 月 16 日上午，CEG 志愿者将第一批食物和个人家庭卫生包送到了 40 个印城公立学校的学生家里和居住在 MRNC 二楼的一些无家可归的老人和寄养孩子的家庭（上右图）。

随后几周，副理事长杨乐网购到了更多的经济实惠的洗手液、香皂、面巾纸、消毒剂和一次性手套等用品。在家上网课的大学生王玲菲、何梦颖和王一来，负责准备发送的物资，并送往 MRNC 或寄养孩子的 The Village，由他们随食物一起发放。这三个大学生每周都期待参加这个志愿者活动，并将之视为一个难得的聚会，唱着笑着就完成了任务（上左图）。

有一次，我和何小华一起送货，非常高兴地听到 MRNC 的志愿者描述孩子们接到个人卫生用品包的高兴劲儿。他们认真地读着指南，好奇地看着卫生包中的物品，打听怎么用。对于来领取食物的困难家庭，个人卫生用品包是一个意外的惊喜。 从3月初到4月底，宇童教育给印城需要帮助的学生家庭、无家可归的老人及寄养学生家庭送出了300多个个人卫生用品包。

许多爱心人士为这次保护弱势群体的活动出钱出力，对我们的工作给予了大力支持。在此，我们真诚地向所有的爱心人士致谢。有了他们的无私奉献，才使我们能够为身边需要帮助的孩子及老人送去一份关怀。

向医务人员捐赠个人防护用品

3月以后，美国和印州的新冠疫情愈演愈烈，身边的医生和护士朋友描述当地医护人员裸奔的现象让我胆战心惊。一则新闻称，当一位消防队员被问到为什么不戴口罩时，他说口罩要留给医护人员和病人，确保他们得到保护和照顾。

随着中国疫情的缓解，美国华人开始利用在国内的关系筹集个人防护用品，运送来给美国的医护人员。我们与亚美出版社社长李维华以及张尊、寇肖楠和爱心企业家张喜顺等人一块，商量捐款$5,000美元，作为购买医护人员防护用品的起始资金。我们的意见和当时代表波士顿的Fight Virus Foundation的曾鸿一拍即合。随后，另外几个非营利组织也相继加入，联合建立了

Partner Organizations:

宇童教育 CHILDREN'S EYES ON THE GLOBE
AMERICA CHINA SOCIETY OF INDIANA 印第安纳州美中商会
CHINESE AMERICAN BRIDGE
ICPA SINCE 2004 印城中华艺
亚美導報 Asian American Today
Sister Cities International Indianapolis
ICCCI 印城华夏文化中 Indianapolis Chinese Community Cen

“The COVID-19 Emergency Fund”。他们是宇童教育，亚美导报，印州美中商会，印杭姐妹城市委员会，中美之桥，印城中华艺术团和印成华夏文化中心。

于是，我们决定：1. 收集个人保存的口罩，快速捐给一线人员；2.通过募捐购买医用防护用品，捐给医院。我们还做了分工：回玉华为总负责人、曾鸿为总联系人、董蓓莉为医生顾问、李维华负责媒体宣传、张尊负责慈善专业把关、熊泉波负责现场口罩募捐、Sherry Dong 负责与姐妹城市杭州方面联系。宇童教育引领募捐，杨乐管理账目，高瑞霄负责网站管理，后来加入的岳新民负责保质保量地购买口罩，Colin Rent 则帮忙英文募捐宣传。

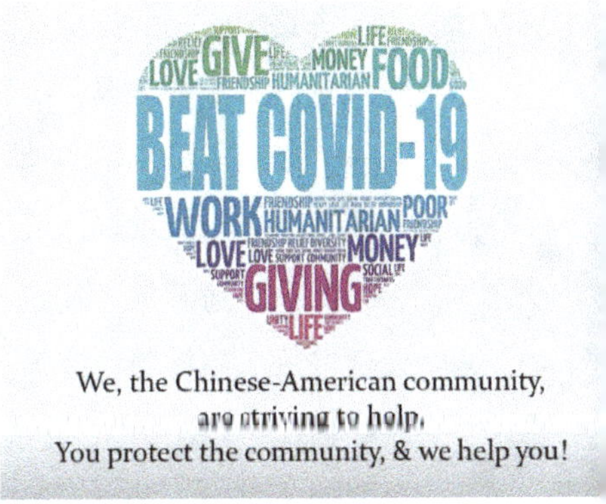

我们的第一个行动是，周末在卡梅尔图书馆停车场募捐口罩，呼吁华人将存留的口罩捐出来，送给最需要的一线医护人员。熊泉波、张尊、高瑞霄、曾鸿、郑风分成两组，在两个时段接待捐赠人。

3 月 21 日星期六，寒风凛冽，志愿者们准备了大型标牌、装口罩用的纸箱子和桌椅板凳等，穿着羽绒大衣，戴着手套口罩出发了。为了让公众明白我们的意图，负责媒体宣传的李维华还特意联系了 IndyStar 的记者前来采访。熊泉波也联系了 RTV6 Indianapolis 电台来采访。王辉云和王一来用中英文书写了巨大的广告牌（图见下页）。

令人振奋的是，很多华人积极响应我们的号召，开车到停车场送口罩。有一些人捐赠的数量比较多，他们说：“买了口罩是想寄给国内亲戚的，还没来得及寄，美国就爆发疫情了，先给这里的医生们用吧。”一些路过的老美捐了口袋里所有的现金，说他们从没想过要买医用口罩，就捐点钱吧。社区华人的慷慨捐献温暖了我们的心。

快到中午时，一位白人老先生捐了钱后说：“我太太身体不好，我们买不到口罩，能否给我两个口罩。”正在收集口罩的张尊连忙说：“没问题，多给你几个都可以，我们募捐口罩除了给一线医护人员，年老体弱的高危人群也是我们要帮助的。”

从上午到下午，我们一共募集到了 600 多个 N95、KN95 和外科口罩，还有消毒液等其他防护用品，以及 $640 美元的现金和支票。活动结束时，董蓓莉医生联系好的 6 家医疗机构的医生和养老院的护工按时来募捐现场领取了这些物品。拿到捐来的口罩，他们非常高兴，称这真是雪中送碳。

哪知事情没有这么顺利。我们很快得知，下午来领口罩的一位女士的先生是当地医生，已经感染新冠住院。而且她本人和孩子也已经确诊感染了。这让我忐忑不安，赶紧把这个情况通知给当天参加募捐的每个志愿者，嘱咐他们这些天多吃点维生素 C

加锌，好好休息以增强免疫力。好在有惊无险，志愿者们随后都没有出现异常症状，让组委会放了心。以后，这位女士、她先生和孩子都顺利康复，让大家以及他们国内的亲人放下了悬着的心。

首战告捷，我们决定在下一个周末继续，分两组在卡梅尔高中停车场及城南的亚洲食品超市停车场募捐。陈艳云别出心裁，为了显示保持社交距离，防止传染，特地做了一个放支票的信封，再把信封用一根木棍从车里顶出来，让大家在感受到爱心的同时，可以会心一笑。另外，我们还增加了上门取口罩的服务，以帮助那些不能开车又愿意捐献的好心人。

在接下来的一周内，我们收到了 6400 多个口罩，$851 美元现金和支票。特别是百惠保险公司的 Karen Yan 和 Grace Yan，买了价值近两千美金的口罩直接捐了过来。这些捐献来自普普通通的华人，有在美国开了一辈子餐馆的老华侨，也有远在中国的亲人和朋友委托孩子给我们捐款。我们准备用这些义款采购口罩、面罩和防护镜，但买到足够达标的口罩却没有那么容易。中国疫情后大批生产的口罩，让远在美国的我们难辨优劣，而且中国把个人寄往美国的口罩限制在 100 个之内。曾鸿提议发动群众请求国内的亲人帮忙代购代邮。岳新民也在美国挑选了一个口罩商家，用捐款在那里购买了口罩。张尊还通过天津联合助学基金会的关系，直接从国内厂家购买了一批医用口罩、护目镜和面罩，质量有保证，价格也合理，而且安全及时地运抵印州。宇童教育在收到这些医护物资后，在第一时间将物资捐赠到印州的医疗及一线机构（图见下页）。宇童教育的顾问朱国新帮助当地医生与 Bayhelix 及 Zenni.com 取得联系，促进了医护人员防护用品短缺问题的解决。

募捐和采购口罩是我们尽力可以做到的，而购置急需的医用面罩就不是尽力可为的了。就在那时，我们听说孙斌和陆瑾夫妻正在家里用 3D 技术打印面罩，而且医护人员特别喜欢。这个消息让我们为之一振。我脑海的第一个念头就是，用我们捐来的义款支付他们 3D 打印面罩的费用，让我们的志愿者帮他们提高产量。曾鸿介绍我和孙斌见了面，他报的价格低到让我做过 3D 打印的朋友都说不可能。当然，我心里明白，他是不想多用一分华人社区的捐款，尽量无偿地贡献自己的时间和精力。我们一拍即合，共同的目标立即让我们成了志同道合的朋友。

又是上网课的大学生们——何梦颖、王一来和王玲菲——志愿承担了为面罩去角的简单重复的工作。后来，在孙斌的指导下 Jessica Quan 也加入了 3D 打印的行列。

接到这些面罩后，医院负责人说：“感谢你们，这真是一个意外的收获。”那些印着 HERO（英雄）的护耳更是那些护士的

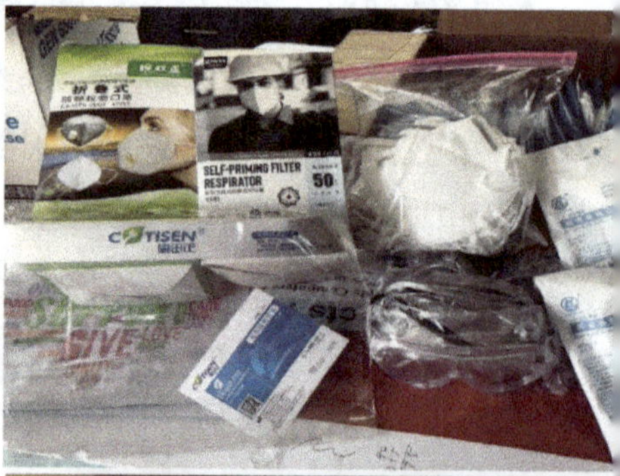

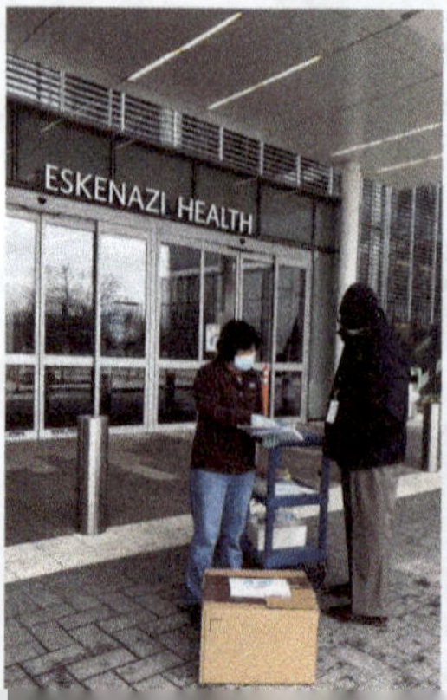

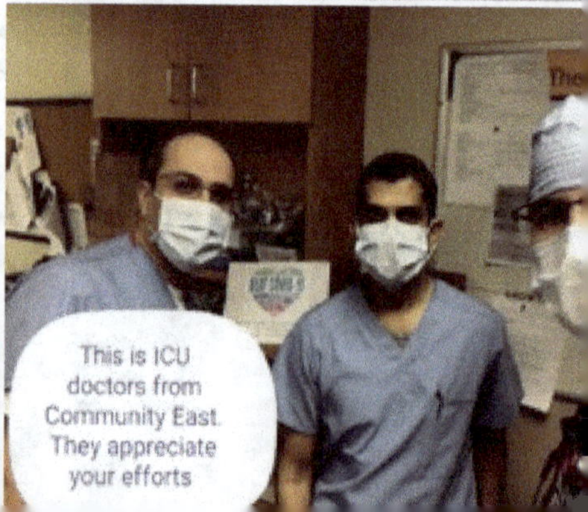

最爱。他们每天戴口罩超过 8 小时，非常不舒服，直到用上 3D 打印的护耳（右图），才带来了解脱。最终，孙斌等人用 3D 打印技术制作了 1800 个医用面罩，1300 张面罩替换膜及 250 多个口罩护耳。

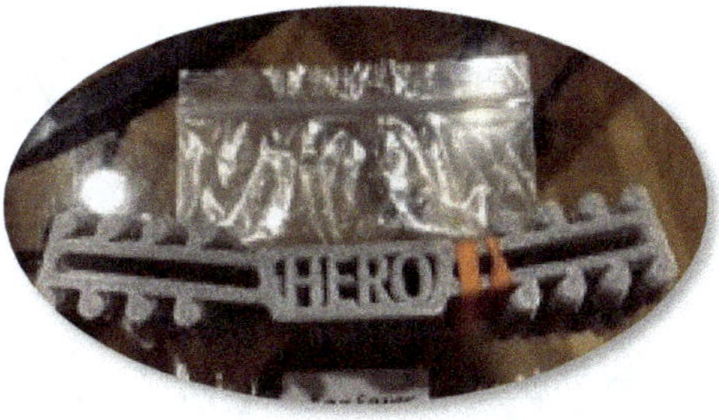

从 3 月 21 日到 4 月 29 日，这七个组织共募捐到了 $12986 现金，购买、制作和募捐到了 18000 多个口罩、2150 多个面罩（包括 3D 打印的面罩）、350 副护目镜和 12000 双一次性手套。这些个人医用防护用品被我们及时地送往 38 个目的地，包括医院、诊所、临终关怀和养老院，以及警察局和交警队。

记得我们第一次到印城 Methodist 医院捐赠时，募捐箱里只有惨兮兮的几捆缝纫机匝出来的布口罩。后来我们可鸟枪换炮啦，接受募捐的护士见到我们成箱的口罩时，激动得直说三克油三克油。还有一次去 St Vincent 医院捐口罩、护目镜及面罩，接收捐赠的后勤负责人却没戴口罩。看到我在纳闷，他解释说，他不接触病人，想把口罩留给医护人员用。听了真让人感动。

这里还要提到的是，Sherry Dong 和 Colin Rent 还不分昼夜地工作，协调杭州向印城捐赠口罩。最初杭州决定捐赠给印城一万个 N95 口罩，但好事多磨，邮寄这批口罩的手续成为一大难关。Colin Rent 好不容易将手续弄全，中国又禁止 N95 口罩出关了。没办法，只好再改成外科口罩。几

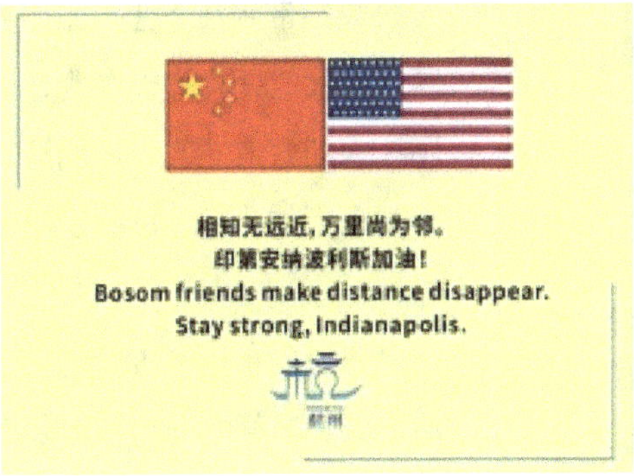

经周折，杭州的一万个外科口罩终于到达印城。Sherry Dong 和 Colin Rent 实在是立了大功！

谢谢各位朋友的通力合作，我们圆满地完成了合作初期为自己制定的抗疫救急目标。

送餐到重症病房

就在募捐活动告一段落，大家正要喘口气的时候，宇童教育多年的捐款人，四川餐厅的赵航夫妇，将餐馆关门歇业了。晚上聊天时，印第安纳大学慈善学院的寇肖楠说，每当遇到灾难，美国人都有向受灾地区赠送盒饭的传统。现在一线人员压力剧增，每天超时工作，经常连饭都吃不上。她这句话，提醒了张尊，于是立即组织大家讨论为医护人员送餐的可行性，宇童教育决定用一部分资金先支付送餐项目的前期费用。虽不能解决所有人的午餐，但至少可以让医院的医护人员知道华人对他们的关爱和支持。寇肖楠和张尊立即联系了两家医院，启动了"ICU送餐"项目。他们还设计了众筹网络平台，并联合《亚美导报》公众号连续报道推广这个项目。

仅仅用了两周，餐厅、医院、网络众筹以及每天送餐的志愿者等一切工作就安排就绪了。由歇业的四川餐馆老板赵航和冯秀荣夫妇带领江孝忠，张平和Vicente Ramirez负责准备午餐。他俩坚持仅收40%的成本费，而且在结算时又坚持追加配捐10%，还让亲朋好友捐款。他们选择新鲜食材，采用最大号餐盒、每份一荤一素加米饭，每次换口味。医生护士们都说，这是两份的菜量。

每一餐的工作量都非常大，大厨二厨的准备工作就需要忙活一天。饭菜做好后，分餐装盒外送工作也必须周到仔细。为了将100来份盒饭准时送到医院指定门前，厨师需要计算炒菜与装餐盒的时间和车程，准时下锅，以保证饭菜送到医院时是热乎乎的。医院提前两天就公布四川餐厅的菜单，医护人员翘首以待美食的到来。结果呢，他们等到的除了可口的盒饭，还有暖心纸贴和孩子们一幅幅幼稚的童画。

童画是华人社区的儿童画的，由何小华与周侯芊老师合作收集而来。何小华提出将孩子们的原作裱好，送给医生护士留作纪念。她说干就干，去沃尔玛买了材料，自已动手裱画，又将裱好的画送至四家医院的ICU病房。这些纯真的画作，得到医护人员的交口称赞，让他们在危险紧张的工作中看到了靓丽的彩虹。

寇肖楠是送餐活动的联络人，她很快将最初的St Vincent医院拓展到了Marion郡的几家疫情严重的医院，还协调了送餐的细节：餐盒的份数、志愿者人数及送餐路线。总指挥张尊负责从

募捐、午饭质量、分量，饭盒的选用、到送餐人员排班，事无巨细，亲历亲为，保证了项目的胜利完成。

“逆行人”是对疫情初期奔向疫区的志愿医护人员的赞语，他们明知山有虎，偏向虎山行，把对社会的爱心置于个人安危之上。我想，把这个称号送给抗疫中无私奉献的人，特别是我们的送餐团队也是当之无愧的。他们是：何小华、曾鸿、黄乃佳、寇肖楠、孙德琴、张尊，贺小强、林宏博和韩先明，其中有退休的科学家、大学教授和公司的资深人士，平均年龄60岁。每次执行任务，他们都自告奋勇排好班，提前到达四川餐馆。从紧张的分餐装盒开始，先将饭盒打开排好，贴上纸贴，一旦饭菜炒好，马上分装，然后按照寇肖楠给的送餐份数统装进大纸盒，再马不停蹄地开往医院。在医院门口，他们将热乎乎的美味午餐递送到医生护士手中。他们心里清楚，在医院门口可能遇到感染的病人；停车卸箱送饭盒时，又要与护士近距离接触。可是面对可能会通过飞沫传染的病毒，他们欢声笑语，互相鼓励，无一句怨言，坚持再坚持，终于安全顺利地完成了一次又一次的送餐任务。

为了给送餐项目募捐到足够的资金，李维华、曾鸿、何小华、杨乐、李梓溪、高瑞霄、李欣波、田燕云、杨文佳、刘肇敏、寇肖楠、龚菲、刘玉娥、和邓华在各微信群里大力宣传。李梓溪、杨文佳、杨乐、曾鸿和寇肖楠主动负责维护众筹平台、策划自媒体推广并申请机构配捐（占资金 15%）。李梓溪是芝加哥西北大学的留学生，疫情期间到姑姑邓华家避难。她除了网上上课，还主动来宇童教育做实习生，参与建立和维护 GoFundMe 众筹平台，并申请到了$1000 配捐。Allstate Insurance Company 的廖波，也从“All State Helping Hand Grant”为我们申请到了 $500 的资金。

印跑团和卡梅尔滑冰俱乐部的朋友们也做了贡献。在骨干曾鸿和何小华发出的募捐消息后，不但冰妈[1]罗明娟马上捐了款，冰爸罗荣书还跟曾鸿打上了擂台，声明只要曾鸿跑一个 13.1 迈的半程马拉松，他就会为送餐项目捐 131 美金。曾鸿那段时间变成了勤劳的小蜜蜂，上班没耽误，还跑了六次半马。罗荣书说到做到，真的配捐了六个$131。这简直是一言既出，六马难追啦！

宇童教育网络众筹平台及线下捐款共收到69人给送餐项目的定向捐款，合计金额为$10,337元。自4月17日到5月15日，本项目共向Ascension St. Vincent Hospital Indianapolis、Ascension St. Vincent Seton Specialty Long-Term Acute Care Hospital、IU Health Methodist Hospital和University Hospital四家医院捐赠了1,718份午餐。主管护士长幽默地说："我们的医生护士们最近都吃胖了"。很多医生向华人社区表示由衷的感谢，St Vincent Indianapolis Foundation 还向宇童教育表达了特别的谢意。

结语

2020年4月29日，我代表礼来中华文化会在礼来Global Diversity and Inclusion Office 举办的"Make it Safe to Thrive"系列报告中介绍了我们的故事，得到了同事们的充分肯定。

世界因善良而美好，社会因博爱而和谐，人生因奉献而精彩！自从来到这个城市，我结识了很多朋友，他们都是普通的人，却经常在做善事。我喜欢结识善良的人，他们做事不是刻意做给别人看，而是发自内心的举动。感谢许多未曾谋面的捐款人和志愿者，感谢他们的爱心奉献和无私善举，也感谢他们对宇童教育的信任和支持，与我们一起走过2020年这个春寒陡峭、危机四伏，

---

[1] 在卡梅尔滑冰俱乐部，滑冰运动员的家长们戏称自己为冰妈、冰爸。

而人性闪光的春天。

多年以后，也许有人会问我们：“2020庚子年，宇童教育有何作为？”我们会说：“庚子无悔可追忆，宇通有缘逆行人”。

附录

Colin Renk is the executive director of the America China Society of Indiana, a membership-based non-profit with a mission to strengthen the business relationship between Indiana and China.

In April, I was frustrated, irritated, and exasperated as the coronavirus pandemic shut down Indiana. I had given an interview with the China Global Television Network just a few months prior about how COVID-19 had impacted Indiana businesses with operations in China. Like many, I was naïve in thinking the virus wouldn't become a full-fledged pandemic but now that it was, I was desperate to help contribute to relief efforts.

In the midst of this shared experience of turmoil, the beauty of humanity was in full force. Despite the increase in frequency and intensity of anti-China rhetoric, I was warmed to be a part of the coalition of seven Chinese American non-profits in central Indiana to fundraise and provide more than 22,500 PPEs to frontline medical workers in our community. Additionally, to see the state's economic development corporation swiftly and completely switch gears to internally procure and locally supply PPEs was truly remarkable. All-in-all, our state's Chinese partners helped bring in more than 245,000 PPEs into our state, saving countless lives. In hardship, we see true friendship——患难见真情.

闲聊四川餐馆老板赵航

王辉云

看了这个题目，您一定会想，写这篇文章的人是不是因为疫情被“软禁”在家，又不能下馆子，只好在家闲聊餐馆自嗨啊？

我跟您说，今天之所以聊四川餐馆老板赵航，还真和疫情有关系。他在当前印城华人“抗疫”斗争中表现出的“正能量”，让我感动，所以，我想在此跟大伙儿聊聊赵航。

自打年初中国武汉爆发新冠肺炎疫情以来，印州华人和在美华人一样为抗击病毒动员起来，有钱出钱， 有力出力。先是筹款募捐买口罩和医护用品寄往中国，支援武汉人民的抗疫斗争，继而，欧美疫情大规模爆发后，又回过神来为当地的医护人员捐赠医疗用品，忙得不亦乐乎。这种护完“娘家”护自家的表现，的确难能可贵。

目前中国“抗疫”形势向好，武汉已经解封。在习总书记亲自指挥下，中国的“抗疫”斗争已经取得了“伟大”胜利。当然，这个胜利到底有多伟大，我也闹不清楚。我能看到的是，美国的疫情着实令人担忧。上个月，疫情大面积爆发时，这里的医护人员都缺少口罩等医护用品，我的医生朋友接诊完病人之后甚至都不敢回家，怕传染家人。面对这种严酷的形势，印地华人社区，迅速集中力量，为当地医院的医护人员募集医护用品，为美国的抗疫贡献了自己的力量。

印城华人在这次疫情中的表现可圈可点，不仅为医院筹集医护用品，还为当地低收入家庭的孩子们购买卫生用品定期发送。经过多方努力，很多医院的口罩和防护服短缺问题暂时得到缓解。

然而，旧的问题解决了，新的问题又产生了。由于目前美国的疫情还处在高峰期，医院的病人越来越多，ICU 医护日夜无眠、分秒必争地抢救生命，有些医护人员甚至忙得没时间吃饭。因此，为医护人员送餐，让他们安心工作，抢救生命，就显得很有必要了。为了救急，印城华人公益组织宇童教育与印城圣文森特医院基金会联合发起为一线医护人员送餐的活动。

宇童教育的张尊跟我说起这事，我一听，太好啦！华人要为抗疫做贡献，就应该把劲用在刀刃上。但做饭这事不是谁都能干的，非正经的餐馆不可。

张尊告诉我，这些天关门歇业的四川老板赵航早就把这事儿揽了下来，不但出力还坚持出钱。说起赵航，一个劲儿向我竖大拇指。对此，我一点儿也不感到意外。

赵航这人，我太了解了，是条汉子。我认识赵航不短时间了，因为谈得来，慢慢就成了朋友。

我虽生长在北京，却爱吃川菜。二十年前刚来这块玉米地时，就到处打听有没有川菜馆。那时的印城，中餐馆不多。经朋友介绍，发现居住的卡梅尔小镇上就有一个四川餐馆，餐馆的老板还是个数学家。后来，数学家老板把餐馆卖了，接手的就是赵航。赵航这人，个子不高，浓眉大眼，一看，就是个精明强干的人，非常阳光。

前些年，我们公司租的办公室就在卡梅尔街上，离四川餐馆不远，于是，四川很自然地就成了我们午饭的食堂。

我虽不会做菜，但对吃还小有心得。评判川菜馆的高下，我一般只看其夫妻肺片和回锅肉做得如何。赵航的夫妻肺片，我百吃不腻，而且，品尝过各地川菜馆的夫妻肺片后，味道竟无出其右。

赵航八十年代毕业于四川省饮食技工学校的川菜烹饪专业，不但是个出色的厨师，而且很爱读书。他要不学厨师的话，肯定是个喜欢指点江山的文科生。因为共同的爱好，他常常来我家闲聊，从王国维、陈寅恪、冯友兰，到陈独秀、胡适之、梁漱溟，他们的著述学说，赵航都烂熟于心；对郭沫若的悲催，傅斯年的耿直，闻一多的困顿，钱钟书的圆滑，他也都有自己的看法。闲聊之中，我发现，他是我见过的厨师中最会读书的人，或读书人中最会做川菜的人。反过来倒过去，怎么说都不为过。

我们不但在读书上有共同的偏好，在很多问题上，看法都大致相同。无论是土改、抗美援朝、反右，还是大饥荒、文革、八九六四，及至当前的新冠病毒，我们都能聊到一块儿。套用当今时髦的说法，就是三观相近。经此一疫，咱们这些熬过来的人都知道，三观很重要，与三观相同的人交往更重要。

这次疫情在美国爆发，对经济和人们的日常生活的冲击前所未有。不要说股市狂跌，家里的 401K 账户缩了多少水，您到大街上看看就知道，饭店餐馆都没了生意。一开始，赵航还坚持做外卖，后来连外卖都不行了，只好关门。可以想见，他的生活压力有多大。尽管如此，赵航依然坚持为华人公益组织默默地捐款。当宇童教育提出为医务人员送餐的时候，他没二话，坚决支持。为了 4 月 17 号周五能送出第一个 100 份热饭，他们夫妻周四就开始将准备好的暖心贴签贴在每一个专门买来的饭盒上，省出时间以便在周五能够保证将好吃好看暖心的中国午餐送到医护人员手中。赵航这么做，我一点都不奇怪。这就是赵航！

赵航夫妇在为一线人员准备午餐

赵航就是这么个人，对公益事业有极高的热情。在过去的若干年中，他长期为宇童教育和中华助学基金会举办的给国内贫困地区的孩子兴建图书角和制作藏袍活动捐款，并坚持匿名。他曾这样评价自己："厨艺不精，为人还行，有事没事，献点爱心"。在当今社会，像赵航这样一贯保持低调的人实不多见，我为有这么个朋友感到自豪。

当然，我更希望疫情早日结束，我们的生活早日恢复正常，四川餐馆早日重新开张。

原载于 2020 年 4 月 17 日《亚美导报》

疫情无情人有情

——大拉法叶华人爱心捐赠

胡少敏

大拉法叶区（Greater Lafayette）有近两百年的历史，是印州西部蒂珀卡努郡（Tippecanoe County）的政治经济中心，面积 90 平方公里，人口近 12 万。花白石河（Wabash River）从这里穿流而过，河西的西拉法叶（West Lafayette）是普渡大学所在地，也就成了有众多华人聚居的大学城；河东的拉法叶（Lafayette）是郡首府，有宏伟的市政大厅、古老的教堂、医院、购物中心、银行，还有很多风味餐馆。

2020 年 3 月，新冠疫情扩散到印州，大学城里华人的平静生活也受到了影响。春假前，普渡大学宣布所有学生回家上网课，大拉法叶区的新冠病例和医院重症病人与日俱增，狼真的来了！ 东西海岸疫情重灾区不断传来因为缺少个人防护用品

（PPE）医护人员被感染的消息，我们对此越来越感到担忧。

新冠疫情来势汹汹，我们呆在家里可以躲开病毒，可医护人员却要冒着生命危险医治新冠病人。他们的勇气让我们敬佩，但他们没有 PPE 的保护又让我们担心。我们如何帮助他们呢？当时美国超市口罩断货，我和几位好友商议从中国购买口罩捐赠给当地医疗机构，这一想法立即得到了更多朋友的支持。3 月 21 日，我和几位华人朋友召开了第一次网络会议，商议募款购买口罩，捐赠给当地的 IU Arnett 医院和 Franciscan 医院。

谁知，疫情很快使中美断航，从中国采购运输口罩、医用防护镜、防护服的想法不再可行。我们想方设法另觅货源，最后决定直接从美国购买合格的医用防护用品，这样既保证了质量，又节约了运输时间。我和阴悦、李佳、陆映娟、林惠梅、张敬民、Helen Gou、杨琴等人组成了疫情捐赠协调小组。跟医院确认后，我们将首批捐赠锁定为医用防护服，并开始通过微信群募款。令人鼓舞的是，我们预设的募捐额很快被突破，而且在我们宣布募款暂停后，仍然有捐款不断送来；还有人询问：何时开始第二次募款？到时一定要通知他们。当地华人的爱心和支持深深打动了我们。

我们马上行动，从最初的想法，到募捐、订货、运输，仅用了 10 天时间，300 套医用防护服就运到了。3 月 30 日，我们把首批捐赠的防护服装箱，并在每个箱子外面贴上精心设计的捐赠图标，带着对医务人员的深深敬意，送到 IU Arnett 和 Franciscan 医院，交给事先联系好的院方负责人。当日，本地电视台 News18 就报道了华人社区向这两家医院的捐赠活动。

我们首次捐赠的成功，令华人社区备受鼓舞，越来越多的华人随即加入了捐赠活动。应大家的要求，我们又发起第二次和第三次募款。最后，一共收到义款 140 笔，总计$16,509.05。除当地华人外，捐款人中不乏在此居住过的外地朋友和中国的亲人，还有夫妻分别捐款的，也有多次捐款的。当地的华人企业也解囊相助，有快递公司 Today Express，餐馆 Peppercorn Kitchen、Taste、Shuge，美发店 River Hair Care 和旅游公司 Dongjie Tours 等。我们把用这些义款购买的 500 套防护服和 17,600 只医用防护口罩，全部捐赠给了抗疫一线部门，除了送给上述两家医院外，还有当地的 Riggs Health、Unity Healthcare、多家 IU Arnett 诊所、Purdue Center for Healthy Living、Purdue VET 医院、大拉法叶警察局、消防站、市政府、Lafayette Transition Housing Center、Lafayette Urban Ministry 等等。

志愿者出发为一线人员送 PPE

为了用最快的速度将这些 PPE 送到一线人员的手中，捐赠协调小组成员经常工作到凌晨。大家分工合作，从确定货源，联系一线部门，到商量运送时间和地点，细心协调，一共举行了 24 次送捐。受赠单位也积极配合我们，例如从最初联系到最后送 PPE 至西拉法叶市政府，只用了 4 个小时。我们的队伍越来越壮大，捐款人和捐赠协调小组的家属也来

部分手工缝制的爱心口罩

帮助运输。特别让我们高兴的是孩子们的自愿加入，第二代的参与让我们感到骄傲。

送捐过程中，我们从Franciscan医院了解到，他们急需布口罩。捐赠协调小组立即号召大家自己动手缝制布口罩。这个倡议得到了十一位西拉法叶女士的积极响应，她们是：李佳、邓学红、李莉、刘巨鸣、乔艳秋、瞿明、王惠英、汪铃、吴珺、翁晓春和吴莉。材料从哪来？她们自己筹备，加上一些捐赠和协调小组用小额捐款购买的材料，在4个月（4-8月）里，利用业余时间，一针一线，缝制了700多只布口罩，送给了Franciscan医院、Unity Healthcare、Purdue Center for Healthy Living、西拉法叶图书馆、Lafayette Transition Housing Center 、Courtyard by Marriott以及急需手工布口罩的老人和孩子。协调小组还将142只爱心布口罩送到了西拉法叶的中小学，向学校的老师们传递了我们对他们的问候和关爱。

在日益猖獗的新冠疫情中，医院医务人员遭遇的挑战最大。他们要冒着被感染的危险超时工作，有的甚至以不回家来避免将病毒传染给家人。为了表达华人社区对他们的感谢和支持，我们还用捐款定制了173套午餐，于5月2日送给了事先联系好的 IU Arnett 医院的医务人员。在医院发给我的照片上，那一双双含笑的眼眸，让我们感受到了他们内心的喜悦。

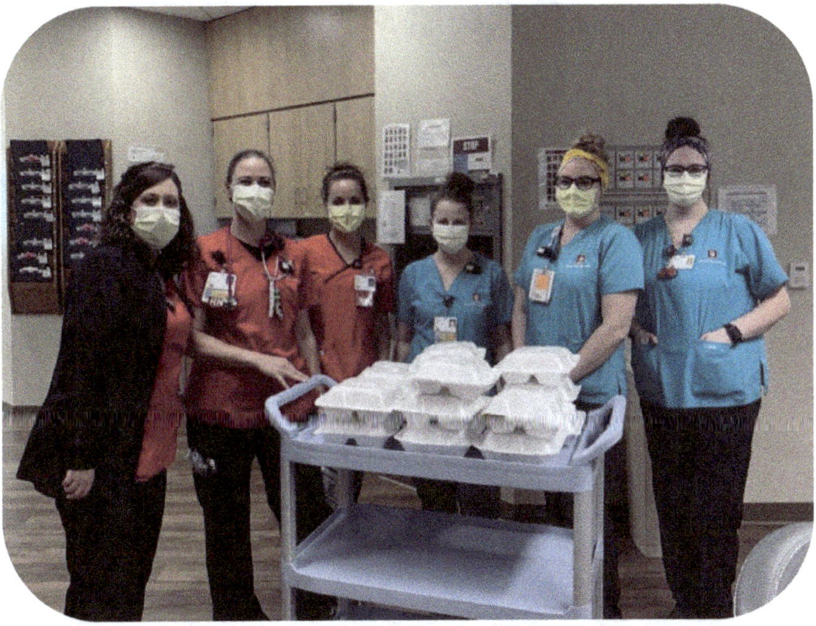

IU Arnett 医务人员收到捐赠午餐

持续五个月的时间，我们用行动和捐赠向在抗疫中坚守一线的英雄们表达了最真挚的感谢和支持，表现了华人社区积极正面的形象，也加强了与其他社区的联系。社区杂志 North Salisbury Living、IU Arnett 医院、Franciscan 医院、Purdue VET 医院、警察局和消防站都分别报道了我们的捐赠活动。Franciscan Health Foundation 主任 Sandra Howarth 在给我的感谢信中说："非常感谢你和大拉法叶华人社区，你们的捐赠令人敬佩。我很高兴交了新朋友！"

更多捐赠故事请看大拉法叶华人社区的脸书网页：
https://www.facebook.com/GreaterLafayettecc

轻轻地捧着你的脸，为你把眼泪擦干

黄念

轻轻地捧着你的脸
为你把眼泪擦干
……

这首看见歌词，旋律就在脑海响起的歌，今天，由一群 5 到 18 岁的印州华裔孩子们为你演绎。

深深地凝望你的眼
不需要更多的语言
紧紧地握住你的手
这温暖依旧未改变

这首 34 年前创作的公益歌曲，早已根植于我们每个人的心里。然而对这群在美国长大、母语是英语的孩子们来说，咬文嚼字，实在有点太难！没关系，把歌词标上拼音，一遍又一遍地念，十遍不行，那就来一百遍；一百遍不行，就练一千遍。父母和老师不厌其烦地帮助纠正发音；孩子们坚持不懈地改进。18 岁的大学生不放弃，5 岁的学前班小朋友也不放弃。发音没问题了，再来练演唱和表情。音乐专业出身的刘小笛老师隔着屏幕，言传身教，躬身示范。你要问刘老师隔着屏幕领着孩子们声情并茂地唱了多少次？说不计其数应该是再恰当不过的了。到了录像的环节，你以为可以完工了？还早呢！一首 4 分 20 秒的歌，一个音准没有唱对，重来！一个发音不标准，重来！一个表情不到位，重来！孩子们唱了十多个小时，家长们就端着摄像机录了十多个

小时。最后把各自录好的视频交给音视频剪辑师，疲惫的小演员和家长们长长地松了一口气。这下轮到刘小笛老师和精通音乐科技的工程师孟老师不分日夜地忙碌了。

无论你我可曾相识
无论在眼前在天边
真心地为你祝愿
祝愿你幸福平安

新冠病毒的突然来袭，改变了全世界人们的生活。这群热爱音乐的孩子也被迫离开了他们的课堂。有人丢掉了工作，有人失去了亲人，有人冒着生命危险义无反顾地奋战在抗疫一线。在这样的时刻，我们能做点什么呢？刘老师召开了 Zoom Meeting，让我们用歌声抚慰受伤的心灵，用歌声鼓舞灰暗的心情，用歌声感谢奋斗的战士！一呼群应，孩子们和家长们都义无反顾地加入到这个虚拟合唱的计划中来。上大学的 Mae-Mae 虽然正面临着紧张的期末考试复习，但好在她有丰富的音乐表演经验和歌唱技巧，在经过高强度的练习和一整个下午的录制后，她最终成功录制了满意的作品。Mia 和 Haley 两姐妹是第一组投入录像的演员。Mia 第一次录像，辛苦了好几个小时仍觉得不够理想，只能再加强练习。一周后第二次录像，家长做了“打持久战”的准备，可没想到姐妹俩一人一遍，表情神态非常自然，从头到尾一字一音都没出错，出奇地顺利，一举成功！

我们同欢乐，我们同忍受
我们怀着同样的期待
我们共风雨，我们共追求
我们珍存同一样的爱

孩子们不辞辛劳，家长们不辞辛劳，老师们不辞辛劳，只因我们怀着同样的期待，珍存着同一样的爱，无论你我可曾相识，都希望你幸福平安！

注：感谢刘小笛老师提供素材

孩子，我将用春天，拥抱你的归来

李佳

作者简介 曾任中国评剧院琵琶首席，中国民族管弦乐协会会员。1989 年到印第安纳西拉法叶定居。2001 年创办自己的美发沙龙。业余时间热心公益活动，参加专业和业余演出。

在新冠病毒扩散最凶猛的时候，我女儿在华盛顿特区一所医院的重症监护室（ICU）工作，她面临着巨大的挑战与心理压力。作为母亲的我，那颗牵挂女儿的心难以用语言来形容！一次次电话没人接听，一次次留言看不到回音。这一切让我不得安宁，心如刀割。于是我就拿起笔和纸，写下这首散文诗并编制为视频，献给所有牵挂孩子的母亲们。

一

已是春的季节，
却万物萧瑟，犹如凛冬；
已是百花齐放的节点，
却听不见欢笑。空城，空巷。

你打来电话，那么急促，那么忧虑！
病毒已经汹涌扩散，疫情已成为吞噬人类的敌情。
恐惧！恐惧！恐惧！

二

战争已至，这是一场人类与病毒的战争。
而你，却逆向而行，那么执着，那么坚定！
一切都是未知，凶残如无差别的掠杀。
而你，从柔弱的身躯中爆发出坚毅的能量，
向着疫区，向着医院，向着那一个个被沦陷的阵地，
义无反顾，一往无前！

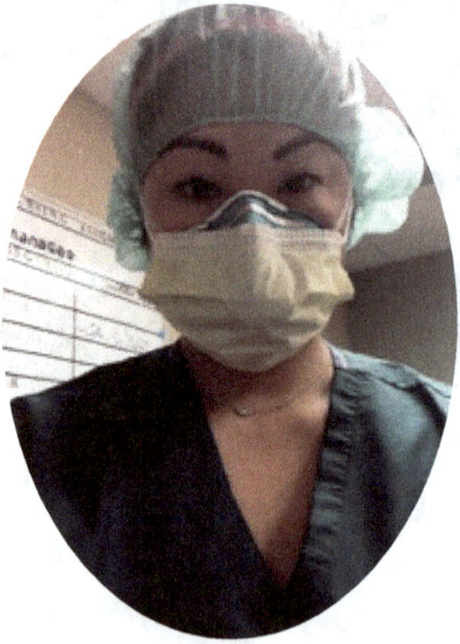

三

终于，你发来了照片。
作为母亲，想看清你的脸，想盯住你的眼睛。
可是，可是看到的，看到的是你裹在防护服里的身躯。
那一刻，母亲的泪咽进了心里。我不想，

我不想让你看到我的软弱，儿女情长；
我更不想，流出的泪水，纷扰你的勇敢，坚定。
妈妈在擦拭，擦拭我的担忧，那颗颤抖的心。

四

此刻，你正在华盛顿 D.C，
你不怕躲在暗处的敌人，你说有伟大的英灵护佑。
你坚信：这座伟大的城市，这个伟大的国家，
会把永不屈服的力量，加持在你弱小的肩上。
你说你是一个人，因为人类就是一个人；
你说你不是一个人，因为人类跨越种族、信仰、语言。
妈妈知道：你是千千万万人类大军中的一员；
妈妈知道：人类团结的力量，就会排山倒海，
直至战胜病毒！
妈妈期盼，期盼凯旋那一天，
我将让春天，在心中重启，
用我的春天，用人类的春天，
拥抱你——我的宝贝，我的女儿归来！
到那时，我将弹上琵琶曲，用中国的旋律，
和着美利坚的春光，为你洗尘！

后记 来美国后，为了充实自己，我新学习了美发美容，于1992年从专业学校毕业，至今已经从事这一行业28年，还在2001年创立了自己的美发沙龙。与此同时，我也坚持着自己的音乐梦想，时刻准备上台表演，多年来受邀在不同城市、大学及中学演出，传播中国民族音乐艺术文化。我相信，生活中艺术永存。因为热爱，所以我一定会坚持下去！

这些年来，我看到了许多中国留学生来到普渡大学求学。作为同胞，我为他们而自豪，也尽我所能去帮助他们，

不管是法律上还是生活中出现的问题，我一定有求必应，有问必答。在美国疫情初发期间，我参与组织工作，号召捐赠防护用品，送给工作在第一线的医疗单位及低收入人群。我还自制了上百个口罩及防护帽捐给中小学校、医院和流浪汉。我的大女儿在军队医院重症监护病房工作，日以继夜地抢救新冠病人。我们都希望能献出一点爱，让世界更加美好！

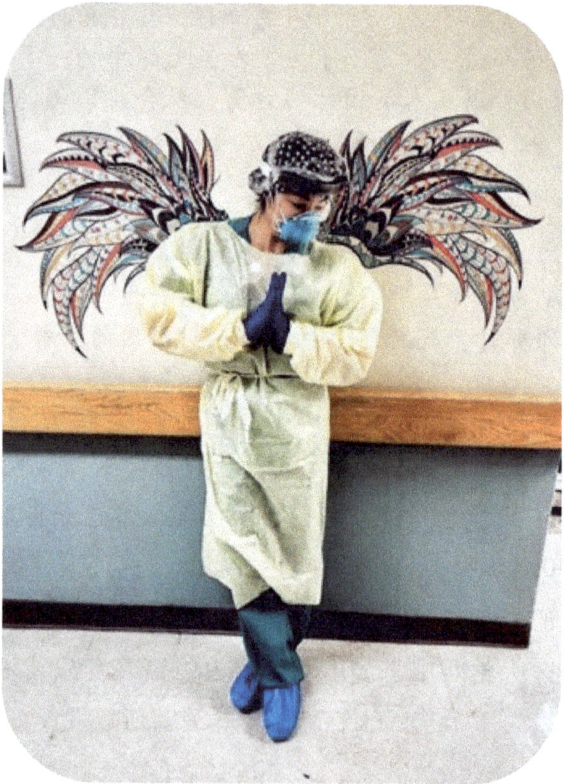

女儿也上了抗疫第一线

李维华

去年 5 月，女儿从印第安纳大学毕业。我知道她一直想从事医务工作，就问她毕业后要做什么。她说想到医院工作一段时间，看看那里的人都在做什么，然后再决定学什么。既然她有了主意，我也就顺水推舟地同意了。9 月，她到印州布鲁明顿市附近的小城 Bedford，在一个有 50 来个床位的郡级医院做医护，实际上就是护理病人。她上夜班，下午 5 点到早上 5 点，每天 12 小时，一周至少连续工作三天。

从国内医学院毕业的我从此和女儿又多了一些谈资。她告诉我一些医院的见闻，有时也问我一些奇怪的病例，然后我们一起琢磨；她还告诉我她第一次看到一位病人在她当班时去世之后的感受。有时我也问她的常规工作是什么，她如数家珍地给我捋了一遍：喂水喂饭、翻身上厕所、必要时清洁床铺……听起来就和中国医院里的护工差不多，但责任要大得多，因为不是一对一，而是一人看护一层楼的病人。这让我想起回国探望我母亲时看到的医院护工，基本都是中年妇女，一天 24 小时在病床边侍候，晚上就睡在沙发椅上，好些的在床边支个床凑合一夜。虽然女儿有办公室可用，但一个 20 岁出头的女孩子，而且还毕业于不错的大学，她身体和心理能承受得了吗？让我惊讶的是，女儿在谈话中从没表示过对自己工作的厌恶，反倒充满了对生命的尊重和怜悯。

第一拨新冠病人

三月中旬的一天清晨，大约 5 点半，我在沉睡中被女儿的电话吵醒。她工作了半年，从来不这么早给我打电话，一定出了什么事，我马上惊醒了。电话那一方，我从她的声音里听到了惊慌。她说："你简直想像不到昨晚发生了什么！上班刚一会儿，急诊室就送来了一个有新冠肺炎症状的病人。我马上按规定穿防护服，戴口罩，戴护目镜。可还没有搞好，就又送来了五个！我简直忙不过来了！"她一路边开车边和我说了差不多 30 分钟。

此后，住院的新冠肺炎病人越来越多，最忙的一晚，她要照顾 12 个病人。原来，印州的老人院新冠病毒感染严重，因为老人们年纪大，多数有基础病患，感染后经不住折磨。现在，老人确诊的新冠感染的占全州 5.3%，但死亡却占了全州新冠去世的三分之一。女儿工作的医院附近有一家老人院，有 29 位老人检测新冠病毒阳性，其中 7 位已经去世。现在轻症的老人自行隔离，症状严重的病人都被送到她所在的医院。医院专门建立了隔离区，为新冠的病人使用。每次女儿值班，都在看护这些不幸的老人。

防护用品紧缺

我问女儿个人防护用品 PPE 够不够，她给我发来一张照片，真是不看不知道，一看吓一跳。她没带护目镜，只穿一层隔离衣，脖子露着，还穿着自己的裤子和鞋子，和国内医护人员里三层外三层简直是天壤之别。她说，这个边远的小医院，一直没有收到州里任何 PPE。她开始护理新冠病人一周后才得到一个 N95 口罩，护士长要求不戴时放在纸袋里，反复使用。医院和新冠病人接触的 50 位医护人员只有 10 个面罩，轮流反复使用。而且医院不发帽子和鞋套，必须自己购买。

护理是要近距离接触新冠肺炎病人的呀，何况她还要一晚看护十几个！这回是我慌了。深知美国的 PPE 要优先供给医务人员使用，想买也买不到，我只能拉下脸皮向亲友求救。在北京的嫂子给我快递了 100 个 N95 口罩，印城的孙斌赠送了 50 个三维打印的面罩，感谢印城华人社区的慷慨捐赠，我从那里又得到了一批 PPE。最后由儿子开车把这些急需的防护用品“闪送”给了妹妹，交付给他们医院使用。

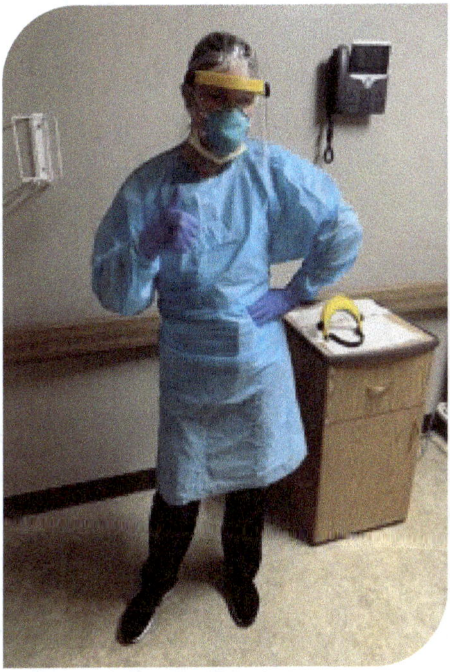

穿着防护服的女儿

担心传染室友

女儿在医院上班时的防护问题暂时得到了缓解，但日常生活也需要重新适应。她毕业后和好友在布城合租了一个公寓，她养了只猫，朋友养了只鸟。她晚上上班，朋友白天上课，两人时间凑到一起时，就花时间购物、聊天、看电影。

一天电话中和女儿聊天，她说自从开始看护感染的病人之后，她的精神一直很紧张。室友有先天性免疫缺陷，属于高危人群。她每天早上回家后，总把自己的穿戴都消毒一遍，然后洗头洗澡，但还是不放心。她现在经常打扫公寓，并尽量少和室友同时在公共空间里，即使不得不在一起，两人也都戴着口罩。尽管如此，室友不久开始有症状，视频问诊后医生要她去医院检测。但这个室友认为只要症状不发展，还是自己在家隔离更安全。

几天后女儿也开始喉痛。她视频问诊后去做测试，等待期间不能上班（工资照发）。虽然她的身体暂时得到了休息，但因为心理上的内疚，开始出现失眠。她怕因为自己的大意，好朋友真的被传染了新冠肺炎，而好友又因免疫缺陷而没有足够的抵抗能力。最后越想越怕，但又无能为力。两天后，朋友的症状有所好转，她的结果也终于出来了，阴性！不仅是她自己，我们全家人都松了口气。我也赶快通知了亲朋好友。

好心人相助

一周前，女儿的电话又在清晨 5 点半把我从沉睡中叫醒。电话那边抽泣的声音让我感到她的焦虑。原来她忙了一夜后正准备开车回家休息，却发现车子的一个轮胎爆了。她给警察打电话求助，没想到在她汽车的后备箱里没找到备用胎。我想象她在寒冷和黑暗中的无助，只能故作镇静地安慰她说，你想办法回家，我们一定尽力把车修好。还算运气，一个值夜班的同事开了 40 分钟的路，顺便送她回到了公寓。

一上午，我和先生人手一机，打遍了印城的车行，不少已因疫情关闭，还有的没有合适的轮胎型号，也有一个要价 400 美金，而且还得我们自己取了轮胎然后自己送去装上。在放弃希望之前，我们开始给布城和 Bedford 车行打电话。打了一个小时，情况并不乐观。快中午了，还有 3 个小时，女儿就要准备出发上当晚的夜班了。

就在我百般焦急时，先生兴奋地跑过来大叫："问题解决啦！"原来他打通了布城 Belle Tire 车行的电话。车行经理说，他可以找人开车去把轮胎卸下来，回布城修好，然后再送去装上。我简直不相信自己的耳朵，就问他，往返两趟一百多英里，要开两个多小时，这得付多少钱啊？先生回答说，他们只收卸装、修理轮胎的工时费，130 美金。当先生坚持付往返时间的花费时，经理说，他们一直希望有机会帮助在第一线的医护人员，现在终于有了机会。我听后眼泪都下来了。10 分钟后，经理打来电话说，工人已经上路了。下午五点，女儿准时到医院上班。

这样温馨的事情不胜枚举。女儿舍不得剪她的长头发，医院又不发帽子，她只得自己去买浴帽。一位当地老太太听说了女孩子们的苦恼后，就花了好几天时间，给她们每个人做了一顶漂亮的帽子。老太太把帽子亲自送到医院，女孩子们高高兴兴地挑了自己喜欢的颜色，戴在头上，马上给医院里单调的环境增添了不少点缀和春天的生气。看了女儿发过来的照片，我的心里也亮了起来，而且对美国人平常冷漠的印象也有了改变。

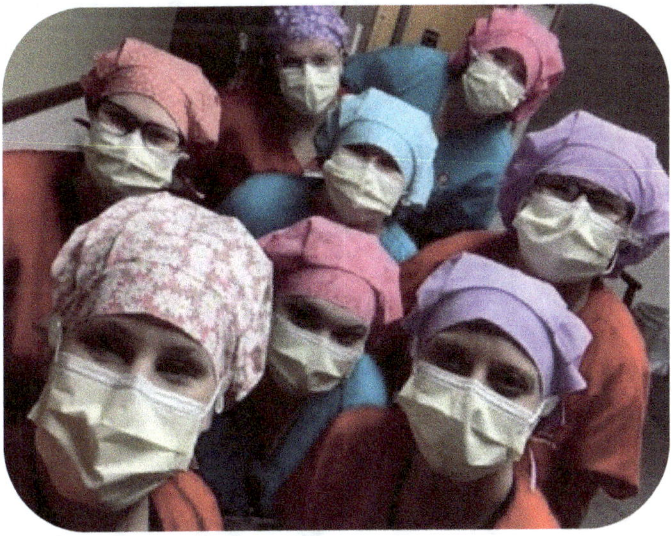

女儿和同事们戴着热心老太太缝制的帽子

结语

人是环境的产物。面对大灾大难，不少人显出人性的本色，有的升华，有的沉沦，也有的人无动于衷。可以肯定，新冠病毒这场对人类空前的劫难，不可逆地改变了我们每个人对今后生活所采取的态度。在这次疫情中，我们听到了很多感人的故事，而从女儿和她同事、朋友们的故事里，我看到了年轻一代在面对疫情时的态度。未来的世界是他们的，我相信，在这次疫情中的经历将影响他们的一生。

原载于 2020 年 5 月 1 日《亚美导报》

她，站在那里遥望

黄念

我有一个很粘孩子的妈妈，这一点，给我童年的成长增添了很多烦恼。

比如，到了寒暑假，小朋友们都可以去外公外婆或者姑姑、姨妈家“度假”，只有我，还是呆在家里。即使好不容易去了亲戚家，也只能当天去当天回，从来没有在外面留宿。大姨有时候批评妈妈：“就把孩子留在外婆家，你也可以偷几天清闲！”妈妈总说：“孩子们太调皮，还是自己看着吧。”

大概是小学三年级时的某天，妈妈突然表情凝重地对我说，“你去外婆家住几天，我回来就去接你。你要乖乖……”原来，因为一直拖着，妈妈的结石病已经很严重了，不得不去住院接受治疗。我那时只知道终于可以不被妈妈看着了，高高兴兴地去了外婆家。在外婆家的那段日子，外婆、舅舅、舅妈还有两个表哥，简直把我宠上了天。跟着哥哥们，用竹篮子在河里网鱼摸虾，到学校的花圃里偷花，夜里到田间抓青蛙……还有，为了装大人，我强行要求帮忙切菜。每当我的刀落下去一次，就听到大表哥吓得倒吸一口气的“呲——”一声。看他那怪异的表情和咧着嘴“呲——呲——”，我咯咯地笑不停。那段没有妈妈在身边的日子，简直是我童年最美好的回忆。

第二次离开妈妈是小学六年级。我被学校选拔上参加全国数学奥林匹克竞赛。为了出成绩，周边的十来个小学租了党校的宿舍和教室，把我们这群小娃娃集中起来，集体吃住，然后请厉害的数学老师来专门辅导。集训时间是20天还是一个月，早已记不清。只记得我像脱缰的野马一样欢快，每天晚上下课后跟着一群小伙伴们打打闹闹，都不想睡觉。第三天中午下课后，我远远看见党校的铁栏门外，一个身影站在那里向内遥望。影影约约像是我妈，走近一点，果然是她！这么多同学都没有家长来，就只有我妈来了。那时我觉得真有点丢面子，拿了她给我送来的好吃的，就赶紧回了宿舍。

上中学了。我们学校实行军事化管理，周一到周五住校。不出所料，开学第三天，我妈又站在学校的铁门外遥望。看到她给我送来的东西，我高兴得差点跳起来——一双红皮鞋。那时候多数人穿回力鞋，也有人穿布鞋。妈妈说：“我怕别人有皮鞋，你没有，所以专门买了给你送来。”

我穿着红皮鞋高兴地转圈，但嘴里却说："过两天回去了穿也行的，你以后别骑这么老远的自行车专门跑一趟了。"

一个周五，不知道是因为大扫除还是什么原因，天快黑了我才开始往家赶。那时路上还没有路灯，虽然有来往的车灯照路，但间或的黑暗还是很吓人。我卯足了劲拼命蹬自行车，就像背后有千军万马的怪兽在追赶。就在我感觉快精疲力竭时，借着后面大卡车的灯光，我看见马路的远方，一个人站在路边，朝着我的方向遥望。是妈妈！我耸着的肩膀立马松懈了下来，然后开始不慌不忙慢慢地踩……

中学快毕业的时候，哥哥要去新疆参军了。妈妈本来是极力反对的，因为新疆太遥远。爸爸却说："男儿志在四方，年轻的时候就该吃些苦头。"等到送军的那天，家里好不热闹，真是鞭炮轰鸣，锣鼓喧天。妈妈系着围裙忙前忙后，给送军的亲戚和哥哥的同学、朋友们准备吃的喝的。要出发了，爸爸、我还有叔叔和堂弟堂妹都上了车，准备送哥哥一程。车子启动，哥哥突然问我："妈妈呢？她怎么没来？"我一看，果然，妈妈不在车上。我想下车去叫，爸爸却拦住我说："她不想去。就让她在家里忙吧！"等到车子一转弯，我看见院子的拐角，一个人拽着腰间的围裙站在那里，遥望着车子远行的方向。看着那个遥望的人影，我第一次觉得有些心疼。

再后来，时间就更是过得飞快。大学、工作、结婚、出国，我早已习惯了远行，也一心盯着远行的方向，根本没有心思回头看身后的人和事。

出国 5 年后，我第一次回家。5 年前蹦蹦跳跳小姑娘似的我，这时已是两个幼小孩子的妈妈。哥嫂和爸爸到机场接我。因为飞机晚点，回到哥嫂家时已是夜里2点多。哥哥刚打开他们那栋楼的铁门，我就听到一个哽咽的声音从楼道上传来："念——，我的孩……"我抱着1岁多的儿子赶快往楼上跑，这时也迎上了跑下来的妈妈。我们含着泪拥抱……

第二天白天，我们才注意到妈妈身上到处都是蚊子包。哥哥埋怨她说："你昨晚干嘛站在楼道里等？这秋蚊子多厉害！"妈妈笑着说："站在楼道里，你们一进楼我就可以听到。"而且她还自以为聪明："我站在三楼的那一层，如意（哥哥的女儿）要是醒了哭，我可以听到（哥哥住五楼）；你们回来了，我也可以一下子就跑下去。"哥哥住在一个老城区，秋蚊子毒如老虎。我们忘了打电话告诉她飞机晚点的事，她就站在楼道里，竖着耳朵向楼下遥望了几个小时。

回美国的前一晚，临睡前妈妈对着两个年幼的孩子说："你们要乖乖听妈妈的话。她带你们俩，好辛苦。你们要心疼她，不要惹她伤心。好不好？"我的眼泪瞬间来了。我知道，即使全世界的目光都关注着这两个新鲜的生命，只有她，眼里看的、心里疼的，都是我。两个孩子哪里懂外婆的话，4岁多的女儿看到我流眼泪，于是冲着外婆认真地点头。

回美国后，老公辞了工作重新回到校园全职读书；我忙着挣钱和照顾两个小孩。一晃又是5年过去，我心里一直计划着，等老公一工作，我就请假回国一趟。去年年初的时候，断断续续听到妈妈生病的消息。每次电话里问她，她都说："年纪大的人，哪有不生病的。你不要惦记我，我没事。你把你自己和你的小家照顾好就行了！"还有半年老公就毕业了，那时再回去看她吧，于是我便没把这事放心上。4月的一天夜里，忽然收到表姐的短信："你回家看看你妈，她状态不太好。她不让我跟你说，怕你担心。不过我觉得你应该回来一趟。"这个短信让我彻夜未眠，第二天一早我就订了回国的机票。知道我回国的日期后，妈妈在电话里说："你现在回来，我连给你做好吃的、铺床铺的力气都没有。还是把机票改了，等我病好了再回来。"我鼻头发酸，但还是笑着说："妈，我都快四十了，这些事情我早会做了。"她逞强地说："你就算五十了，在我这里，也是孩子！"声音却那么有气无力。

车开在回家的路上。快到家时，我坐起身，伸直了脖子看路的前方，果然看到路边站着一个人。车近了一点，是爸爸。我心里突然觉得有点不妙。车拐进院子，一个满头白发的人扶着门跌跌撞撞走出来。我赶紧走上前，看着站在我面前的老态龙钟、病歪歪的妈妈，眼泪瞬间奔涌而下。原来，她已经有半年，彻夜不能睡觉，全身酸软无力，任何食物都尝不出味道。爸爸带她看遍了市里的医院，吃了各种药，都没有效果。我决定把两个孩子送到爷爷奶奶家，然后带妈妈去武汉找最好的医生。可是妈妈坚决不同意，她说两个孩子从来没有离开过我，现在冒然把他们丢到爷爷奶奶家，孩子该多难过。她说："孩子怎么能离开妈妈呢！"可是这次，她没有拗过我。

妈妈一直以来晕车严重，试过了各种晕车药和偏方，都不管用。所以不是万不得已，她通常都不坐车。虽然我家离武汉不过 2 小时的车程，但现在她身体状况这么糟糕，我更加不敢让她坐车。我决定先请人用摩托车把她送到火车站，然后我们坐火车去武汉。我一再鼓励她，说从来没有人晕火车的。临行前夜，我把所有我和她的衣物都装进了一个大的行李袋。可是第二天，我的电脑却装在一个单独的包里。她走路已经晃晃悠悠，却坚持只让我背电脑包。我要拿行李，她就发脾气："电脑已经很重了，行李你就不要再管了！"

原本一个多小时的火车，因为中途给其他动车让道，路上走走停停花了三个多小时。刚开始妈妈的表情还好，到后来脸色就越来越惨白。一路上她什么话也不说，到站后，勉强走出了车站。我把她扶到一个台阶上，她一阵一阵干呕想吐，但是又极力忍住。看样子出租车也没有办法坐了，兴许有骑摩托车或者开敞篷车的好人愿意帮忙把我们送到旅店。妈妈说她没事，让我出去找车。我匆匆忙忙跑出去，出租车一大堆，可是基本没有摩托车或三轮车。走了好长一段路，我才看到一个商店来了一辆送货的三轮车。等卸完货，我坐在三轮车上往妈妈这边赶。她一定等急了，正伸直着脖子朝我离去的方向遥望吧。

越来越近，我却没有看到像往常一样遥望的妈妈，只看到一群人围在那里。我跳下车，扒开人群，看见妈妈瘫坐在地上，呕吐的鼻涕、眼泪、口水……那一刻，我万箭穿心——十年前，我在美国生第一个孩子，妈妈想来照顾我，跑去北京办签证。后来签证没有通过，爸爸粗描淡写地告诉我，妈妈晕车晕的厉害。看到眼前这一幕，我想，十年前她一定也像现在这样，瘫坐在北京的火车站，晕吐到尿湿裤子……

武汉的医生诊断妈妈是帕金森和脑梗。脑梗不严重，但帕金森是一辈子都治不好了。好在对症下药后，妈妈的状态比先前好了一些，晚上可以睡3个小时左右，白天也可以四处走走。有了这么一点点精神，她就又开始闲不住了。她把别人都不愿意买的老豇豆抱回来，然后把里面的豆米一粒一粒剥出来。因为手抖得厉害，一碗豆米剥了一整个下午。晚饭时一大碗豆米摆在我面前，"来，这是你小时候最爱吃的！"看着随着妈妈的手在空中颤抖的碗，我内心一阵酸涌，岁月啊，请还给我，我那矫健的、雷厉风行的妈妈……

妈妈的病情，时好时坏。我回美国的日子临近了，她的病情又糟糕了些。一日，我看她坐在厨房的门口削茄子，拿着刀的手在空中抖了半天也没有落下来。我走过去坐在她的旁边，默默帮她摘菜。突然，妈妈说："我时常想，我现在这种样子，还不如死了。你生孩子，我没有照顾过你一天；你买房子，我没有给过你一分钱；你困难的这几年，我半点忙也没有帮上。我什么都没有给你，如今却连累你……"医生早提醒过，帕金森病人有抑郁症的几率非常高，所以我知道她不是在吓唬我。我拿过她手里的菜刀，放在地上，然后握住她颤抖的手，说："你还记得外婆过世的那一晚，你回家哭着说的话吗？你说，从今以后，再没有人坐在那个门口，等着你回来；从今以后，你喊一声'妈'，再没有人应你。妈妈，我不需要你帮我带孩子，也不需要你给我买房子。我只想要，我回家，你站在门口等我；我喊一声'妈'，你能应我。对我来说，这就是最好。"

离别的日子还是来了。爸爸忙前忙后帮忙拿行李，妈妈站在门口，眼神空无表情，嘴巴和放在胸前的手都在抖。没有人说话。行李都搬上了车，我走到妈妈面前，握住她的手，说："妈，我们说好，明年我回来，你还站在这里等我。"她点点头，没有表情，只是眼睛肿得厉害。

车子开走。这一次，我回头，泪眼模糊里，仿佛看到一个身影，站在那里遥望……

母亲的怀念

刘玲

我的母亲兰冰如，大家都友好地叫她刘妈妈。

生于战乱

年轻的母亲

母亲1931年5月生于四川省成都市，外祖父兰伯文是一位中医外科医生，外祖母彭贵真出生于书香之家，知书识礼。在母亲6岁时，外祖母难产去世。随后抗日战争爆发。1942年，成都开始修建双流机场，外祖父在给民工看病时，不幸染上疟疾去世。之后母亲跟着她的祖母在成都姑妈家长大。母亲常给我讲，她的祖母也是一位医生，每周一和周五都在药铺里义诊，为贫苦的百姓服务，有时也带着她出诊。她的祖母乐于助人的行为，感染着幼小的母亲，影响了她人生的道路。新中国成立后，母亲很高兴，因为妇女可以出去工作了。她欣喜地成为扫盲班的老师，和广大的老百姓一起，迎接新的生活，学习新的知识。母亲与父亲 1956 年结婚，父亲在西藏军区工作，经常不在家，所以我从小和母亲感情很深。小时候我爱生病，母亲常半夜抱着我去看急诊。有时候我很淘气，带着院子里的一帮小朋友到池塘中抓鱼，总有小孩子把衣服染上污泥，鞋踩到池塘里，有时候有的家长会到我们家告状。母亲打我，我就使劲地哭，让外面的家长听见，这时母亲就会住手，所以母亲对我是又严又爱。

母女情深

我 11 岁那年，父亲转业到成都铁路局工作，不久就诊断为晚期肺癌。母亲白天在医院里看护照料父亲，晚上回来照顾我。在这困难的时候，我突然长大了，开始不再调皮，学会自己做饭，做家务。从那时起，母亲和我变成了终生的朋友。

母亲心灵手巧，她会打漂亮的毛衣，也会做各式各样的衣服。从我记事起，我所有的衣服都是她亲手做的，我穿出去，邻居的小孩都说："你妈妈做的衣服真好看。"母亲每年春节都特别忙，因为左邻右舍都会到店里扯一块布，裁了，请妈妈帮她们做。过年那天，小孩子们就穿着我母亲给他们做的衣服迎接新年。母亲做的裙子真的很好看，我大学毕业那年，我穿着母亲做的裙子和同学照了一张照片，留下了珍贵的纪念。

退休陪读

母亲很爱我，但她知道，孩子是要远走高飞的。我告诉母亲我要到北京去读研究生，母亲非常支持。我和母亲合影之后就去了北京。没想到两年之后，母亲告诉我她提前退休了，要到北京来陪读！我既高兴，又紧张，说："你来陪读？我住的是宿舍，你来了住什么地方呢？”母亲说：“不要紧，我就在宿舍里铺一张床就行。”好在我同宿舍的李维和张东红那一年（85 年）去了美国，我就睡了李维的床，让母亲用我的床。下图就是我们俩在我宿舍拍的。我母亲在北京的一年，和院子里的很多退休老人成了要好的朋友，又把我的一个朋友认做干女儿，成了终生的知己。87 年我到加拿大念书，两年后，妈妈又飞到了安大略省（Ontario）的伦敦——我念书的地方。

母亲和我在研究生宿舍的合影

童心不老

母亲对生活十分热爱。她每到一地，就学习那里的新东西，了解那里的人和事，品尝那里的食品，和当地的人交朋友。她先与我同系的曾薇和陈琳成了好友，又认了加拿大的 Helen 为英文老师，也成了好友。Helen 和妈妈一起去农村参观，一起去教

母亲与 Helen 的合影

会，虽然母亲的英文结结巴巴，但人只要有爱，就可以交流。就这样，两位老人一起去参观伦敦附近的风景，了解当地的文化。母亲还跟着我和我的朋友一起去爬山。她的精力总是那么好，对什么事都充满好奇心。她有一颗永远年轻的心。

爱玩 爱美 爱花

那时，我们学习中一有假日就开车到处跑，从渥太华到温哥华，还有落基山脉的大雪山，印第安人居住的村庄，儿童游乐场。母亲就乐此不疲地跟着我们跑，享受着第二故乡的风土人情，与当地人交往，过着快活的日子。加拿大的 8 年似乎一眨眼就过去了。母亲很喜欢加拿大，她说那里很美，对那里的人和土地都充满了留恋和感激。母亲爱美，她喜欢种花，也喜欢赏花。每次我们到有花的地方，母亲就会去闻一闻，摸一摸。在我的学生宿舍里，哪怕只有一小块地方，她都要找几盆花来种上。她最喜欢玉兰花和兰花。她经常提起，我出生时，成都产院里有一颗很大的玉兰树。成都的玉兰树三月开花。也许是和玉兰花结了缘分，我家有三个人在三月出生。她也喜欢种兰花，对这些花就像对小孩子一样，细心地给它们浇水、剪枝。爱美、尚美是母亲的天性。

慈爱的奶奶 忠实的粉丝

到加拿大7年后，母亲盼来了第一个小孙女，当了奶奶[1]。她总告诉别人，在产房里，护士把红红胖胖的Jocelyn交到她手上的感觉。母亲抱着两个可爱的小孙女，眼里充满了慈爱。她教她们走出第一步，教她们吹第一个生日的蜡烛。时间过得飞快，小朋友们很快就长大了，我们全家也从加拿大搬到了美国的印第安纳州，她们开始参加各种活动，母亲总是她们的忠实粉丝，她们参加印城国际节的表演，母亲总是百看不厌。有一年，母亲还自己穿上了演员服装，演了一个《陕北三代秧歌》。

走得从容

母亲把快乐、善良、勤劳和豁达传给了孩子们，也留给了我们。去年年底母亲因慢性心衰导致呼吸困难，今年年初医生让她住进了安养院。没想到新冠疫情来临，她不幸染病。我最后一次去看她，给她送去她最喜欢吃的汤圆。因为我穿着防护服戴着N95口罩和面罩，她以为我是护理人员，说，"这一定是女儿和孙女给我送来的。我爱她们，她们也爱我。"还说："我已经快九十岁了，可以安心地到天父那里去了。"我从护士那里要来笔，写上"我是玲玲"。母亲很高兴，快乐地吃完汤圆。我们谈起我小时候，母亲常常给我读《海底两万里》这本书。我们手拉手，唱起了我们自己的美人鱼歌，幻想着变成两条快乐的母女美人鱼，一起周游世界。母亲带着慈祥幸福的笑容与我飞吻再见。

母亲走了，她去了天父那里。那里没有病痛，只有爱。母亲，你永远活在我们心里。

原载于2020年5月15日《亚美导报》

---

[1] 我们家习惯把外婆称为奶奶。

我们的好奶奶

奶奶给了我灵感

陶正敏（Jessica Tao）

奶奶的去世让我很伤心。在我找和奶奶的照片时，她没有一张不是面带笑容的。我有一个很幸福的童年，因为我一直都能感受到爱的温暖。放学时，爸爸妈妈还在上班，总是奶奶在那里迎接我们。我们的每一次旅行，每一个生日聚会，奶奶都和我们在一起。七岁时，我们搬到小学附近，奶奶便每天走路把我送到学校或校车站。三年级时，奶奶还教我织毛线。奶奶是厨房里的皇后，我们在厨房里花的时间最多。姐姐和我喜欢饭后和奶奶一起喝茶，聊天。

2016年，我高中毕业，去了加州大学洛杉矶分校。一年中的9个月不在家住，但是这让我觉得和奶奶没有疏远，反倒更贴近了。妈妈说，奶奶总问我什么时候回家。我也找一切机会回家，过节、长周末，即使每次只有几天。她在我离开时，总要和我在脸上互相亲一下，不然就不能说再见。奶奶有点胖，亲奶奶、抱奶奶让我很幸福。今年二月，我没能去毕业旅行，妈妈让我回家。我们去安养院看奶奶，这是我最后一次亲奶奶抱奶奶。三月中以后，我们只能和她隔着玻璃相望。

我现在还记得庆祝她88岁生日那天，我扶奶奶下车，我和姐姐抱着奶奶亲了很多次。那是我搬到纽约之前的一周。每一次离开家去工作，如去泰国、加州、南非，奶奶总是我最后说再见的人；我回家时经常是半夜，奶奶总是我早上看见的第一人。

上大学的第一年，我上了老年生理学课，了解到人老时的心理和生理变化，我也第一次和很多老年人接触。这一切让我更理解奶奶，也和她更亲近了。我长大时精力充沛，不甘寂寞，这时开始重新思考人生的目的。当我转学到康奈尔大学时，我想做一个有意义的项目，又是奶奶给了我灵感。三年级时，我学习设计，遇到几个志趣相投的同学，有一位也是在祖父母身边长大的中国女孩。我们想让老年人生活得更容易一些，于是发明了一个为老人剪脚指甲的设备并注册了一个公司，来帮助没有能力剪指甲的老年人。在公司成立时，我做了一个视频，有500人观看，我告诉他们是奶奶给了我灵感，我爱我的奶奶，我们想帮助无数的爷爷奶奶。我们的项目得到了很多机构的赞助。

我这个月从康奈尔大学毕业，获得了总统学者的称号。两个月后，我就要到谷歌开始我的第一个正式工作，并希望在今年出售我们的专利产品。奶奶抚养了妈妈和我们姐妹俩，我每次照镜子时，都可以在我身上看到奶奶的影子。

奶奶，我的一切成

左起：陶正蕙、奶奶、陶正敏

就都属于你。希望我们再次相会时，我会告诉你我所有的成就。谢谢你，我的奶奶！

奶奶是我生命的一部分

陶正蕙（Jocelyn Tao）

从我很小的时候，奶奶就告诉我，她是第一个抱我的人。我家附近的公园有一个小湖，每到冬天，湖里的仙鹤都会飞走，但有一只总不走。奶奶每天都带我去公园看那一只仙鹤。我们和奶奶一直很亲近，她总说我们心连心，所以我们长得像。我很高兴自己在上大学的最后一年能够陪伴、照顾奶奶，就像她当年看护我一样。

每次我想起奶奶，都想起她做的好吃的。奶奶是最好的厨师，我们在厨房度过了很多温馨的时光，她做的凉拌红萝卜，每一丝萝卜都长长的、细细的，所有人都爱吃。每次给我和妹妹做西兰花，她都花好长时间，把每一块都切得一样大小，十全十美。她的麻婆豆腐是全家的最爱，包括她自己。奶奶还教我和妹妹包饺子，开始时，我们包的很难看，都趴着；而奶奶包的就像兵一样，直直地站着。后来我们包过很多次饺子，有了很大进步。

我非常爱我的奶奶，也很珍惜我们一起度过的幸福时光。

原载于2020年5月15日《亚美导报》

2020，我的流水账

周候芊

作者简介 自由艺术家，擅长油画。1998年在广州美术学院获得学士学位，2001年在四川美术学院获得硕士学位，2003年在加拿大卡尔加里大学获得第二个硕士学位。现为美国油画协会会员，美国色粉画协会会员。

www.sabrinazhou.com

早上起床，趁一屋子人都还在呼呼，我端着咖啡走下画室。看看画架上几个月没取下来的画，还有旁边画架上的肖像订件，过去总总扑面而来。搬到这个家已经四五年了，拿到钥匙第一天在前院兴高采烈摘樱桃的一幕记得清清楚楚，但想想眼前的2020，却又是那么模糊。好像时间都浓缩到一点，用一句话就可以概括："居家，工作，带娃，做家务！"

印地是块福地，四季分明。春去秋来，树叶从无到有，从冰雪枝头到火舞流动；再重新轮回到今晨的冰冻。2020 好像没有为我留下什么，又仿佛让我停下来看到很多。时间不停，万物不息，我于此，体会不再重来的 2020。

1 月

新年刚过，我们就收拾行囊，去了佛罗里达。10 岁的沫沫看着 Busch Garden 那几乎垂直跌落的过山车，喃喃地说："也许明年我就有勇气上去了。”老妈我热泪盈眶：人生过了一半，我也没有那个勇气，孩子你好样的！

娃们说：We had a great time!

我也说：I had a fabulous time!

那真是一段无拘无束无目的的游荡。

我以为，那是预备给 2020 的好的开始。

从佛罗里达回家，开始听到国内疫情的消息。天天刷国内的信息，眼见着出城公路封了，眼见着方舱医院开工了，眼见着以前家附近的小区发现病例了。

年前先生带着老二回国看爷爷奶奶，顺便把外公外婆接回了 Indy。他们在 19 年回国过春节，没想到我妈过完年开始腿疼，各个医院有各个医院的说法，一通检查，各种疗法。打封闭、做针灸、吃中药，林林总总。最后在重庆最拥挤最繁忙的第四军医大确诊，股骨头坏死。别无选择，手术。医生选择了保守疗法，没有置换股骨头，而是做了自骨置换。手术大半年，还是不能行走，给轮椅推回了美国。

看着武汉的乱象，心里一万个庆幸：幸好把爹妈接回来了！

2 月

2 月的慌乱，主要是胆战心惊地关注国内的疫情，但美国的生活并没有很大的改变。疫情向美国靠拢，但工作学习都继续。娃在学校拿 virus 开玩笑，当妈的赶快制止。电视里，Lester Holt 对大家说：疫情对普通美国百姓的 risk is low.

我妈的腿在美国重新看了。骨科医生是胖乎乎长得特别可爱的 O 医生。他的名字很长很难读，所有人，包括他手下的护士，都叫他 DR. O。他是泰国人，华裔，莫名地觉得，We’re in good hands.

O 医生给我们看了片子，整个关节都塌陷了。我这外行也看得出来，本来该像个乒乓球一样圆润的关节头，现在看起来像一个干瘪的、布满干疤的果子。得，前功尽弃，得重新置换股骨头。O 医生的日程排得很满，手术排到了一个月开外。

老妈每时每刻活在痛苦中，生活起居都遭受严重挑战，洗澡穿衣吃饭都需要照顾。我时不时感慨：幸好她就在身边！如果她还在重庆，国内疫情的各种乱象，教她如何能扛？

3 月

疫情到了美国。

去波士顿开会的那几例，据说是本地的源头。那时候的一两个病例，都让家长们紧张不已。很快听说 Avon 的学校发现病例，学区关门。我下载了一个软件，可以看到离家方圆几迈的病例情况。目送孩子天天背着书包蹦蹦跳跳地登上校车，当妈的便开始刷手机看动态。有家长开始联系学监，建议停课。我们镇比较淡定，眼见着旁边镇子一个一个停课，我们愣是等到了快到春假。

孩子不适应网课，天天鸡飞狗跳。周围的人们开始囤水囤食物，从来不买罐头食品的我，竟然往家搬了整箱的西红柿罐头、午餐肉。我有点发愣：这是复活的童年记忆吗？要开始备战备荒了？

更可怕的是，原定手术的前两天，接到护士电话：手术做不了了，医院不接受普通手术了！这晴天霹雳把我震得不轻。我都已经开始给我妈做术前消毒了！……以为她一年以来的病痛就会有个了结了。

我忙不迭地给别的医院打电话，盼着兴许他们还没有完全关闭。不，全州的医院都进入了紧急状态，非急需手术全部停止。

挂掉电话，推开父母的房间，告诉他们这个消息，我经历了整个冰河纪。

4月

我都不记得4月发生了什么，才仅仅大半年以前。

今年春天来得特别晚。院子里面的苹果和樱桃树都开花了，不久后又下了场雪，一夜之间几乎所有果花都掉地上了。出门买菜还是免不了，况且还得不停地去给两老拿药。去一趟沃尔玛，口罩手套就不说了，消毒纸巾用了好几种，擦手、擦推车、擦车门把手、擦方向盘。对武汉封城的认知让我们随时都害怕哪一天就出不了门了，所以每次出门都是一通买买买。看着空空的货架，心里琢磨着，消毒纸巾用完的时间不远了。

复活节，大宝的生日。我们在院子里给两娃搞了个寻找彩蛋（Egg Hunt）。天气是那么的惬意，仿佛一片岁月静好。

我每天早上6点开始干活，也只能有两个小时左右的时间。到了孩子老人起床，我自己的工作就得停，起身面对一屋子的鸡飞狗跳。

我的工作比较特别：就是钻进地下室我的人洞（man-cave），

独自面对着画架。结束学生生涯，再结束体制内教职，我的大半生基本上就是这样面对画架过来的。有个朋友说："你好像特别享受一个人独处。我就不行，没有社交的工作，我会憋疯掉。"是的，有时候我觉得，相对大多数人，疫情以来的生活绝对是具有颠覆性的改变。于我，其实没有什么变化。有没有疫情，每天早上都起始于端着咖啡，走下地下室。不同的是，现在对于"早上"的定义大大提前了。

手上有个活，挺急。多年前我们还住在康涅狄格的时候，我开始为当地直升机大厂 Sikorsky 投资赞助的一个慈善项目绘制肖像订件。这个项目叫做"阵亡英雄"（Fallen Heroes），一开始是为了纪念在伊拉克战争中献身的康涅狄格籍军人，后来扩展到所有牺牲的康州军人。我有幸成为他们唯一的肖像画家，每年都为这些军人家庭绘制肖像，一画已经十五个年头了。

忘了具体是哪一天，正画着一个二战中牺牲的士兵，一个念头突然蹦进脑海：我要为染疫逝世的无辜生命做点什么。

于是开始了我的新的绘画项目：为死于新冠病毒的人们制作肖像，50 张，全部免费。

5 月

从 5 月开始，陆陆续续接到通知，今年预计要参加的艺术展销，所有的项目一个接一个停摆。疫情之前就定好了今年的行程，一个艺术展销季节下来，本来应该有 16 个周末在外游荡。我很喜欢这样的生活：做展销的日子，就是我这个穴居人走出洞穴，四处豪横的美好时光……就这么黄了。压力陡增，没有卖画的收入，我们就真成了"挣扎的艺术家"（struggle artists）了。

我们的生活继续在家里日复一日地重复：早上尽量早起为

我们的免费肖像计划投入点时间，其余的时间在孩子老人厨房之间打转。既要盯着孩子不能有太多屏幕时间，又要照顾老人安抚情绪，然后再绞尽脑汁，琢磨着如何做出不重样的晚餐。

孩子在Zoom Meeting里小学毕业了。她很委屈：不是跟老师同学说好了“See you after Spring Break”吗？我再也没有机会回到我的学校了！

我画室里一个特别灵动的姑娘在微信上告诉我，她得到了罗德岛设计学院的offer。除了她自己和她的爹妈，我应该是最兴奋激动的了！高兴之余，她也告诉我，很沮丧她不能参加“毕业舞会”（prom dance）。人生的一个重要节点，被这可恶的疫情给剥夺了。

5 月的唯一好消息是，苦等两个月，医院总算扛过了最初的慌乱，让我妈妈做上了医院重启的第一批手术。4 天时间，不懂英文的妈妈一个人在医院对付了所有的流程。去医院接她那天，看着她坐在轮椅上被护士推出来，真有那么一点壮士凯旋的感觉。我们都觉得：一切都会过去的，好日子就在前面。

6 月

天气陡然热起来，由于春天的倒春寒，院子里的樱桃树没有挂几颗果子。家里领导终于同意娃出门了。朋友家和我们家约了去老鹰湖（Eagle Creek）公园骑车。孩子们疯玩在一起，两个妈妈一直大声讲大声笑，都是憋坏了的穴居人啊！

肖像工作在继续进行。一个逝者的朋友来取画的时候，看上了我家的独轮小推车，宁愿花钱买那锈迹斑斑的破玩意。她发来了好几个电子邮件，好多图。原来她是要用手推车来做个花圃小景观。疫情期间，谁还不能有个闲情逸致啊！这个交易轻松达成。没想到过了一个星期，她竟然又给我送来一个崭新铮亮的迷你版本小推车。我家两岁小娃，用它帮我运输菜地里的新鲜采摘，脸上写着满满的骄傲！

7月

印地的夏天，对于我这个来自“火炉城”的人来说，都是些风轻云淡的时光。90度以上的日子，在印地屈指可数。

夏天本来是我最期待的吉普赛人般的生活季节，由于没有出门参展的机会，四处游荡的生活在今年突然没有了理由。我的穴居冬眠生活理直气壮地变成了夏眠。

妈妈开始借助辅助在院子里活动。看看菜地、晒晒太阳，看着两个孩子在院子里无忧无虑地玩耍。

8月

疫情宅家的一个巨大收获，是我家这个体育慢进先生终于学会了骑自行车。他在车子前面装了个幼儿安全座椅（toddler seat），放进去一个小人，就可以在镇子里横冲直撞了。说得那

么豪迈，其实也就是去个图书馆，或者再远一点，去买个 Bob's 的冰激凌。夏日傍晚的“旅行”，无奈，却也充满了家庭的蜜意。

我们的免费肖像项目终于达到了预定目标：50 幅（部分作品见上图）。其实还不止，照片还在源源不断地寄到我手上。这期间我上了报纸、上了电视。孩子自豪地拿手机录了电视直播，告诉朋友：My mom is on TV! 我趁机给孩子灌水：It feels good to be needed by people.

转眼到了开学季。带着两个孩子在 Target 一通买买买。午餐袋、笔记本、储物柜装备……孩子憋坏了，迫不及待地想要开始叽叽喳喳的校园生活。

9 月

然而校园生活跟以前相比，大打折扣。小学时代的朋友被分到了别的组，上课的时候孩子们坐得特别开，就连中午吃饭，跟同学也远得无法聊天。

即使是这样，还是一根筋地一定要去学校上课。

小小娃终于熬到了年龄，去了家门口教堂的幼儿园。虽然一个星期只有三个上午，他也终于有了自己的同学和老师，跟家庭以外的社会打上了交道。

孩子上学，我相对少了一些麻烦。这时候疫情看上去平稳了很多，天气不错，心情也很好，除了孩子们回家依然烦人，一切都好！

10 月

妈妈的术后恢复不尽人意。她的腿疼还是没有缓解，别的病也在困扰着她，最头疼的是她的帕金森。这个病至今无解而且不可逆，我这个除了画画什么也不会的女儿，眼睁睁地看着她颤颤巍巍，无时无刻地不被病痛折磨。我只能带她看医生，这是我唯一能做的。每天 10 多种药物轮番地吃，到吃饭她早没了胃口，走到饭桌前，永远都是一句话：少盛点饭。

周三下午陪娃去学琴，发现老师家小区的林子里有一条小径。秋叶铺满脚下，阳光穿过树林枝叶间的缝隙，照射在落叶上，烙下片片光斑。目及之处只有我一个人，慢慢地踏着树叶走。树叶干燥，踩上去沙沙作响；四周不停地有秋叶飘落，盘旋而来，绕着我打弯；还有橡木子，高高地从树端坠落，到了地面留下啪嗒一声。我曾经疑惑过，那些橡木子掉落的最大速度会有多快？我又突然想：这么多的树，这么多的枝叶，这么多的橡木子，倘若我在这里停留的时间足够长，会不会有什么落在我身上？

我闭上眼睛，听到风声来来回回；可是许久许久，竟然没有如我所愿。

世界如此之大，我如此之小。我以为我可以，但其实不行。

11月

人到中年，缺的不光是钱，更是自由支配的时间！我这上有老下有小的夹心饼干，理当两头不待见，还能期待变成人人垂涎的大龙虾吗？我没有一个全职的工作，老妈经常摇头，担心我没有"稀饭钱"。我立马呛了回去：我要去找个学校美术老师的工作，谁陪你诊所排队去？

人生到了这个阶段，方方面面都是需要你的人。我没有办法用一个全职的工作来束缚我。疫情以前，我们可以称得上自给自足，可这宅家不挣钱的日子，过得灰头土脸，画画有时候也成了一种奢侈。画了卖不掉，岂不招人白眼？！当然啰，话说回来，画画是自己享受，太多则乏味，甚至成了罪过了。特别是这种天天大眼瞪小眼的日子。

所以同是艺术家的先生突然觉悟了：既要考虑到自由性，又要考虑到收入，又不想太费脑力，那真的只有投身包租公的事业了。

一天晚饭，我们和女儿聊天。我告诉她爸爸在做好多装修工的工作。她说："why——？"语音拖长，拉得高高的。她问why，我告诉她爸爸正在翻新那个旧房子，她说："why!!!!————?"

"凭劳动吃饭，不丢人！"我义正辞严地说。

刷墙铺地板装门换照明，他早出晚归，干得不亦乐乎，浑身散发着要干一番大事业的气息。我还是照样，早上画画，白天陪娃，晚上做顿好吃的。

月初，我接了一个从来没有做过的项目，要在一个投资咨询公司的年终会上把他们的未来计划视觉化。会议开四个小时，我需要在这个时间段完成这张画。我琢磨，4个小时的工钱，再收个材料费，500刀应该不算狮子大开口吧！对方爽快答应，并且让我作了点小弊：他提前几天发给我了那 15 个员工的书面计划，我可以提前动手。我给自己设想了一个完美的构图，画面中心是新年气球般鼓鼓胀胀的“2021”，从那里四散开去，各种计划和梦想如藤蔓般自由生长。

动手做起来才知道，这是多么的繁复和耗时！哪止 4 个小时，4 个工时也远远不够。女儿看不过，也拿过笔帮忙，贡献了一只小狗，一个婴儿，还有一只婚戒。到了开会的那天，眼看他们都来了，眼看他们开讲了，眼看他们散会了，我还在那儿一个人嘿呦嘿呦忙涂鸦。最后，总算画完了！ 小秘书拿过来一个信封，说大家感谢你的作品了，每个人都感到惊奇。回到家打开信封，支票上写着，1200 刀。

我怀疑如果是正常年份，我会不会接这个订件？在这上面花的时间，我可以完成两三张大幅油画了。但相比之下，这张涂鸦才是用正经的“辛勤的汗水”浇灌出来的。而且这个经历对我具有非同寻常的教育意义：不要轻视孩子的涂鸦风格。有些事情，有些项目，有些工作，甚至于有些人生，如果自己从未经历过，也就不可能领略其中的美妙之处呢。

女儿的志向总是变来变去，目前想要当一个数码艺术家（digital artist），我倒是愿意支持。她 11 岁，随机被弟弟命题作画，恐龙工程车大怪物什么的，比我画得灵动多了。

12 月

感恩节以后把圣诞装饰品从阁楼里面拖出来一通折腾。宅家的日子，仪式感更加重要。没有哪年圣诞，我是如此地期待这个节日，期待渐行渐近的 2021。

临近年末，手边的项目尽量收尾，还囤积了很多食物。反正冬天到了，菜放外面也行。

先生的辛苦得到了回报，小破旧房子焕然一新，圣诞以前已经租出去了。我们大半年以来起起落落，终于开始平稳过渡了。

疫情还在肆虐，疫苗已经开打。

家里老人病痛还在继续。好在我们全家人都在一起，互相鼓气。圣诞夜，先生点燃了壁炉，满屋子木香。烟雾中恍恍惚惚，我在炉边悠然地反思起 2020，我走过的路，我去过的地方，我做过的 project，甚至于，我画过的画……

一路奔忙，风景未曾谙，四顾，心底茫然。祈祷，一切魔幻均消逝。谁无阴风苦雨时，守得云开见月明。

2020 年圣诞日，壁炉前

疫情生活随笔

黄文泉

截至3月18日，官方统计美国新冠病毒感染人数已经超过七千，紧随韩国。美国是个移民国家，又是人口大国，感染人数一定会在未来一段日子里急剧上升。前几天，美国CDC的官员就已经承认，在这个流感季节的死亡人数里，很可能就有因为新冠病毒感染而死亡的，只是没有检测到而已。而我断定，现在的实际感染人数已经超过了统计数字，这并不是一个简单的臆测，而是基于美国现有的检测条件做出的合理推断。

我太太上周五回来，很是惊慌，说她有一个学生，平时很少到她的办公室来，那天却来送一本书。学生咳嗽了几下，然后说，他最近刚从西班牙回来，咳嗽、发烧、疲乏……他怀疑自己感染上了新冠病毒。太太心里非常不快，心想："你既然怀疑了，干嘛还不去检测，到处走动，不是把其他人都传染了吗？"她千叮万嘱，让他赶快去检测。学生答应"马上就去"。

当天晚上，按照约定的时间，她给那个学生打去电话，问检测了没有、结果如何。结果学生说，他跑了三个地方，都说没有检测试剂盒，所以不能对他进行检测，也不相信他感染了新冠病毒，只是让他回家自我隔离。

我们这里是印第安纳大学所在的城市。印第安纳大学早就不是一所地方大学了，仅留学生就有好几千，教学行政人员也有很多来自其他国家，现任校长就来自澳大利亚。境外输入的潜在案例应该不会少，只是没有一一去检测罢了。就说这个学生，他的症状明显，却因为检测手段的缺乏，故而不能确定是否感染了新冠病毒。要说我们这个城市，在印第安纳南部也算是大城市了，医疗条件一流，医院设施和医护人员都相当完备，但却因为没有未雨绸缪，现在居然还无法对新冠病毒进行检测，这实在叫人无语。

不过，人们倒也不是对疫情漠然置之。最近这段时间，我所在的公司就经常在内部资讯上发布疫情和应对方式。3月11日，公司决定可以远程上班的一律都远程上班。于是，我就从那天开始呆家里了。疫情一天比一天让人揪心，国内的亲友们以过来人的口吻，来信问我们要不要口罩，可以给我们寄来。还让我们一定不能小视，说这个病毒多么狡猾多么恐怖。原来还隔在大洋彼岸的病毒竟然腾云驾雾般就来到了我们身边，我们开始害怕了。我们担心正在重灾区华盛顿州的医院里做住院医的大儿子，接连给他去信，让他多加小心。他的医院同事都没有戴口罩，他也没有戴，劝说半天，也是无用，只能再担心下去。

本来最近家里的人有不少出行计划。太太要到英国，大儿子要回来参加一个高中同学的婚礼，小儿子要到迈阿密去度春假。看到疫情如此演变，太太马上就取消了行程，可是两个儿子都言辞铮铮，决不取消。我们每天一看到某政要名人被传染的消息，就传达给他们，对他们施加压力。可是一直等了好几天，两人都不退却。一直到总统宣布全国紧急状态，并对欧洲多国的游人闭门谢客，态势已经危急，隔离成为了主旋律，两人这才取消了行程。

我没有行程可以取消，但也取消了每周几次的聚众打乒乓球活动，连体育馆也不去了；头发也一任它长着，就是不去理发店。每天白天在电脑前远程上班，晚上到乒乓球室里找机器人“球友”打一阵乒乓球，然后就是读书、看电视连续剧。以前被嘲弄被不屑的套中人现在成为了我的楷模。在隔离状态下，倒也自得其乐。

当然，隔离也不彻底，超市还得去。前几天去超市，是晚上八点，想超市应该人少了，不料那里付款出口都排着长蛇阵。采购离去后，心里有点忐忑，觉得辛苦隔离的效果，在超市的人流中都化为乌有了。

是的，美国的隔离并不是彻底的隔离。彻底的隔离是中国那种近乎“休克式”的隔离，社会经济活动停摆，社会的人变成空间上隔绝的人。西方诸国的隔离和应对新冠病毒的举措大体一致，都保证社会成员的基本自由，轻症都在家自行隔离，重症才收治，其他社会成员依旧进出自由。英国还堂皇地提出了群体免疫的理论依据，认为病毒感染了60%的人群后，就不再会感染其他人了，人们就获得了“免疫力”。他们认为，既然病毒的疫苗今年无望，又不能采取“休克式”隔离，就不如采用温良的方式，推迟病毒感染高峰的到来。按照这个理论推演，以美国为例，人口是三亿三，60%的人口感染，那就是将近两亿；按2%的死亡率计，人数将近400万人口。如此惨烈的死亡代价，不知什么政府还可以超然度外？还可以获得人们拥戴？60年代反战浪潮之所以波涛汹涌，就是因为战场上阵亡人数攀升，引起民意厌恶，跟意识形态无关。

当然，中国“休克式”应对的代价也极为昂贵和惨痛，由于武汉感染人数有好几万，一下都集中收治，就占用了几乎所有的医疗资源，产生巨大的次生医疗灾害，让很多非新冠病毒感染的患者无法到医院就医，导致病情加剧甚至死亡。严酷的隔离也给人们带来了很大的心理创伤，对民生的打击也非常巨大。

人类在新冠病毒面前，正面临着严控难，宽控也难的二难困境。两种应对方式，孰优孰劣，有待历史评判。

原载于2020年3月20日《亚美导报》

事业、关系与人生——我的养娃感悟

觉凌

窗间梅熟落蒂，墙下笋成出林。
连雨不知春去，一晴方觉夏深。

读范成大的《喜晴》，朋友戏言要改成“一疫方觉夏深”才是。的确，2020 年转眼过去大半，足不能出户，光呆家见证历史了。股市熔断，原油穿仓；防疫隔离，禁飞停航。疫情稍稍缓解，又是种族平权，抗议骚乱。我所在的城市连续几天宵禁，手机刺耳的警示：晚 8:00 到早 6:00，市区禁止闲杂人员活动。

看着前所未有的动荡，不禁自问：我们将把一个什么样的世界留给孩子？

2020 年会给我们留下无法磨灭的痕迹，对步入成年的孩子的人生塑造，这段时光尤为重要。有些孩子滞留他乡，无法和父母团聚，和他们的家长面聊互相安慰。家长们嘴上说“孩子大了，相信他们能应对”，而内心还是儿行千里母担忧。

我儿子三月到加州过春假，现在还在朋友家，这是他有生以来和父母最长的分离。我开始有些忐忑，但四个多月过去以后，却为他感到骄傲。儿子真的成年了，父母完全可以放心，让他自己探索世界。

回顾儿子一年来从申请大学到成年自立，我的心情七上八下，他却云淡风轻。这就如同山路行车，乘客看着身边闪过的高山低谷提心吊胆，而司机专注远方笃定驾驶。

反思与儿子生活的 18 年，Fortune School 谈的三圈年轮，在他身上显而易见。要让儿子成材，父母不能是温室，为他遮风挡雨；也不能是花匠，给他修枝造型。父母只是土壤，滋养孩子身上的种子生根发芽，让他形成自己从外到内的目标，主导自己的成长。

事业目标

工作不仅是谋生手段，更是一个人能量最主要的输出渠道。从皇帝到乞丐，每人一天只有 24 小时，如果 8 小时睡觉休息，8 小时饮食娱乐，那只有 8 小时精力旺盛地做点事儿。做事的精力，放到自己感兴趣的领域，假以时日，自然成就事业。

年初计划暑假安排，我和先生提议全家旅游，儿子参加海外交流项目也可，但儿子执意要做实习。大一学生找实习不容易，来校面试的公司，都优先录用高年级同学。多轮校招未果，儿子扩宽路径网上寻找，最终入选谷歌编程夏令营（Google Summer of Code）。五月份期末考结束，马上投入一周 32 个小时的工作，在导师的指导下，完成自己提交的项目。

前期看儿子找实习不断受挫，我于心不忍，嘀咕要不托人安排个机会？还是先生明智，拦住老妈的溺爱，“这是孩子自我探索，形成社会角色的时刻，要让他独立自主完成。”

是呵，儿子从小对科技有发自内心的兴趣，用他的话说，“互联网上的自由和对电脑的掌控，让我着迷。从此兴趣与日俱增，特别是学会编程后，通过编程解决真实世界的实际问题完全把我吸引了。我对科技的热爱经久不衰，最终我和父母提炼出了我的人生目标：用科技让人们生活得更美好。”现在他是电脑科学专业的大学生，肯定想试试自己的能耐。

俗话说没有金刚钻，别揽瓷器活。但要练金刚钻，不来点瓷器活，怎么练就实力？我希望他有个轻松的暑假，就帮他找实习，不想这反而限制了他的自信和探索。当孩子的兴趣逐渐深化为事业，有意识锻炼自己，甚至在挫折中磨练自己，这样才会让他更坚毅，成就自己的目标。

通过深度培养兴趣来形成职业方向，这是最理想的状态。可巧儿子感兴趣的专业市场前景广阔，找份赚钱的工作是迟早的事。朋友不禁问：如果孩子喜欢文史哲，学的是吃不上饭的专业，怎么办？

其实“从事赚钱的工作”和“有赚钱的能力”是两码事，就像 Fortune School 谈的“我赚钱”和“钱赚钱”财富双引擎，第二个引擎启动好，从事任何心仪的职业，都可能获得财务自由。

从压岁钱记账开始，我从小就培养儿子对管理财富的关注，如今他财务独立，开始锻炼驾驭金钱的能力。

上大学后儿子全权管理自己的教育基金和退休金账户，每个季度和父母回顾财务平衡表。

即使在今年动荡的市场中，他的教育基金投资增值 2%，退休金增值 15% 。

更可喜的是，他对市场风险和资产配置开始积累切身体验，并按自己对 IT 产品技术的兴趣，投资前沿公司的股票，拓展对行业的全面理解。

关系目标

孩子不在身边，父母最牵挂的，除了学业还有他的内心感受。电话里我常问:“你开心吗？幸福吗？”这几个月儿子住在朋友家，虽然两家父母彼此欣赏，非常信任，但回忆我 18 岁时，和亲爹妈在一起都有不舒服的时候，锅碗瓢盆难免磕磕碰碰。自己不时要小脾气，越亲近的人，越成了受气包。担心儿子无法应对青春期的情绪，我小心翼翼问："你有不舒服的时候吗？有没有受委屈？"不料儿子被我问得一头雾水，说和朋友之间，小摩擦肯定会有的呀，但没有什么不开心。

细细聊起来，才发现儿子不是对情感迟钝，而是用和我当年完全不同的思路看待人与人之间的关系。

在我接受的传统教育里，常把关系看成一种资源，希望在关系中满足自己的需求。比如嫁汉嫁汉，穿衣吃饭，有了夫妻关系的女子，就有了生活的资源，这是最通俗的表达。最极端的是所谓一将功成万骨枯，自己的功名利禄是建筑在牺牲别人的基础上的。人际关系险恶如此！

尽管内心不接纳这些假设，我还是默认，关系是可以利用的资源，竞争是人与人关系的基调，只有按外界的标准胜出，才能赢得更好的生存空间。

儿子对关系的诠释，让我耳目一新。

从他曾经的偶像谈起，我们聊到如何和身边人相处。儿子说：

"我曾经很欣赏乔布斯，但在听说他是如何对待别人之后，我对他的欣赏大打折扣。

同时我意识到，我对领导他人不感兴趣，更想通过自身体验，探索科学技术。

如今，我没有崇拜的偶像，而是从周围的人身上，看到我敬佩的特征。例如妈妈追求进步的怒力，爸爸保持交谈和思考的意愿，我朋友对人的关心和体贴等等。

我想成为最好的自己，并与朋友们一起成长，每个人都给我进步的灵感。”

这个世界有足够的资源，让我们活出独一无二的人生。不是每个人都要无穷尽占有，追名逐利。当我们清楚自己真正想要的是什么，与人相处就成为从他人身上看到优点、取长补短的机会。世界是个猎场，每个人都是我的同盟，儿子看身边的人不是对手，而是伙伴。难怪他和朋友有分歧时，能自问如何提升沟通能力，更好表达关爱。

以成长的心态维系关系，自然开心幸福。这应验了哈佛历时近 80 年的“成人发展研究”项目揭示的秘密：亲密的关系，而不是金钱或名望，是人们终生幸福的原因。

人生目标

在外界变幻莫测时，儿子对事业笃定，对关系平和，让我刮目相看。朋友好奇教育秘方，我最大的感悟是给他自由时空，和他一起探索。人本身是可以富有创造力的。父母能做的只是提供一个安全的环境，让这一特质在孩子身上生根发芽。

安全并不是舒适，有时困苦更能让人的本真动力显现。去年夏天，先生带儿子到无疆界学校（School of Lost Borders）参加了一个具有印第安传统的成人仪式（Rite of Passage）。在与自然环境的互动中，以及教练的指导下，培养自信、责任，领悟个人在社会的位置。

在北加州的荒漠里，一群素不相识的孩子 10 天露营生活，互相支持，分享体验，认识自我，理解世界。其中 3 天，孩子们离开营地，按各自选择的方向，到大自然中独处，除了三加仑水，不带任何生活物品和娱乐设施。断食首日有饥饿感，到了第三天，孩子的大脑里产生了自然赋予的思想，身体中充满了自然沁润的能量。

回到营地后，孩子们围坐一圈，教练引导分享心得体会。父母和成年人坐在外圈，聆听他们的故事，回应我们的感动。两天分享结束，里圈和外圈合二为一，象征孩子融入了成年人的世界。

10 天返璞归真的经历，特别是 3 天断食和独处，激发了孩子们触及灵魂的思考：我是谁？我要给世界留下什么影响？分享会上，每个孩子的体悟都让我感动。儿子收获了对生命承传的感恩，对科技与自然的感悟，对主动创造关系的感知。和母亲的关系，也全新升华了。他对我说："我不再是个宝宝，我是一个男人，但不是你的男人，我想成为你的朋友。"

"我是谁"这个深奥的哲学问题，儿子有了自己的答案："我是一个意识到大自然的重要性，并与自己情感联结的人。"

看似平淡无奇，但这句话表达出与他深度共鸣的生活状态，活出这种状态不需要任何条件，活在这种状态中不需要外界认可。个人与世界完全联结，自由呈现，这是他人生的终极目标。

这半年居家防疫，见面都要保持社交距离，外界改变着我们的生活方式。和儿子通话时，回忆起他在荒漠中提炼的人生终极目标。我问："一年前你描述的自己的理想状态，现在你还在争取实现吗？"

儿子想了想："不，理想状态就是我现在每天的样子。"

结语：搭建基础框架，构筑精彩人生

七月底正好是儿子成人礼一周年，欢迎他进入成人世界时，如何能料到 2020 年这般扑朔迷离？

从蹒跚学步到独立生活，从校园学习到网络上课，这些变化未影响儿子实现他事业、关系、人生的目标。这些看似大而虚的目标，只要和内心产生深度共鸣，每天的举手投足和思想决策，都在把目标变为现实。这种实现目标的过程，也能笃定平和，因为这是自己选择的方向。

我想拉斐尔创作他的名画“雅典学院”时，也是先用旁人不知所以的粗线条，勾勒出画作的框架，然后日积月累，一笔笔描绘渲染，才呈现出生动的图案和鲜活的色彩。儿子这三个目标勾画的，正是他人生的粗线条，随着变化的世界，填充内容和意义。

培养孩子勾画自己人生基础框架的能力，远远比给孩子设计人生更重要。

我开始的忧虑，可以转换为更好的问题。不是担心把一个什么样的世界留给孩子，而是思考：我们将把什么样的孩子留给这个世界？因为正是孩子们展现的人生图景，构筑出世界的未来。

闲聊美国抗议浪潮背后的种族原因

王辉云

自新冠肺炎爆发以来，美国社会经历了前所未有的沉寂，各州相继下达了禁足令，人们被困家中达两个月之久。尽管疫情改变了人们的生活方式，但生活并未停摆，只不过前面的路更加艰难。

就在疫情有所缓和，生活尚未恢复正常的情况下，黑人男子乔治·佛洛伊德（George Floyd）遭白人警察压颈致死的事件掀起了席卷全国的抗议浪潮。

事件过程

事情的起因是弗洛伊德涉嫌在明尼阿波利斯一家便利店使用 20 美元的假币，店员报警，来了两个警察将其逮捕。佛洛依德称自己有“幽闭恐惧症”，拒绝上警车。这俩警察一看要把人高马大的佛洛依德弄上车有点儿困难，就叫了另外两个警察赶来支援。后来的白人警察德雷克·肖万（Derek Chauvin）见佛洛依德死活不上车，恼羞成怒，给已经被戴上手铐的弗洛伊德来了个“跪膝锁喉”。这一狠招把佛洛依德制服了，他苦苦哀求说“我不能呼吸”了，但这个白人警察就是不松腿，这个过程长达八分多钟。最后发现佛洛依德真的没了气已经晚了，送医后也无力回天。

这个暴力执法的全过程被路人拍到，在媒体上一公布，便如星星之火，点燃了抗议警察暴力执法的燎原大火。尽管四名涉案警察均被革职，导致佛洛伊德窒息死亡的白人警察德雷克·肖万也随后被捕，并以三级谋杀罪和二级误杀罪被起诉，但并未能平息人们的愤怒。抗议示威浪潮迅速席卷全美，超过 75 个城市出现示威，明尼阿波利斯、纽约、洛杉矶、芝加哥、亚特兰大等许多大城市都发生了打砸抢烧为表达方式的社会动乱。华盛顿特区的历史性建筑圣约翰教堂遭到焚烧破坏，就连美国总统川普为了安全，都不得不在示威者围攻白宫时，躲进地堡。这次骚乱范围之广，程度之烈，多年罕见。虽各州政府在数十个城市实行了宵禁，但抗议浪潮依然汹涌澎湃。

新冠疫情的发酵作用

为什么抗议警察暴力执法活动会演变成反种族歧视的社会动乱呢？原因是多方面的。

首先应该说这都是疫情闹的。两个多月的禁足，对酷爱自由的美国人来说，无疑是巨大的痛苦。禁足导致人们烦闷、焦虑、浮躁，愤怒，很多人没病也都憋出病来了。好不容易找着发泄的出口了，上街游行，对宅在家中这么长时间的人来说是很有吸引力的。反对种族歧视，谴责警察暴力执法，追求公平正义，口号高大上，号召力也强，一呼百应。

白人警察对黑人嫌犯滥用暴力，在美国社会饱受诟病。这次白人警察暴力执法，在少数族裔受新冠病毒伤害更重、失业人数更多等现象的衬托下，更加显得触目惊心，很容易将社会矛盾指向种族不平等。最近一份统计显示，美国黑人的新冠死亡率是白种人的 2.6 倍。这个比例凸显了美国种族间社会、经济地位严重不平等。

种族问题是长期困扰美国的痼疾，而这次事件的起因恰恰是白人警察暴力执法导致黑人嫌犯死亡。支持抗议游行的一方认为，佛洛依德之死反映了警察队伍中存在系统性的种族歧视，而川普的国家安全事务助理罗伯特·奥布莱恩星期天在接受CNN采访的时候则对此加以否认。他说，警察队伍中虽有些人是种族主义者，但也仅仅是几个“坏苹果”而已。

其实，引发这次抗议运动的到底是警察暴力执法还是对黑人的种族歧视，已经不是很重要了。参加这次抗议活动，甚至打砸抢烧的人，不仅只是黑人，各个族裔的人都有，所有社会矛盾都可以往种族不平等这个筐里装。

自民权运动以来，美国在政治制度和法律层面已经严厉禁止种族歧视。在美国这样的法制相对健全的民主国家，因种族歧视而产生如此大规模的社会动乱，是值得探讨其深刻的内在原因的。

历史原因

了解美国历史的人都知道，美国是一个种族主义根深蒂固的国家。仅仅在几十年前，美国南方还在施行种族隔离。一九五四年美国联邦最高法院将公立学校的种族隔离制度判决为违宪，就曾在南方激起轩然大波。当时，黑人学生在南方横遭侮辱被打被杀的情况非常普遍。记得当时一个十四岁的白人女学生曾对采访她的记者说，“如果上帝要白人黑人在一个学校上学，他就不会把他们造成黑人，把我们造成白人了”。这就是南方普通民众对种族问题的比较普遍的认识。九十年代我在美国南方教书，在课堂上讨论民权运动时，还有相当数量的学生依然持这种观点。

为什么一些人顽固坚持白人至上的种族主义呢？这还得从根儿上说起。现代化最早是从欧洲兴起的。从十六世纪起，欧洲国家依仗武器先进，携船坚炮利之便，大肆征服掠夺其他民族，满世界攻城略地，强取豪夺，在积累了大量财富的同时，也在各自侵占的地盘上建立起庞大的殖民帝国。为了给自己侵略和殖民扩张正名，欧洲殖民者创造出所谓的殖民主义意识形态，而种族主义理论就是这种意识形态的核心。他们制造出“白人至上”的神话，说他们白种人是最高级的人种，而且肩负着上帝赋予他们的教化夷蛮的使命，他们的侵略和殖民活动是响应上帝的号召，勇于承担起“白人的负担”（The White Man’s Burden）的高尚行为。

以白人至上为内涵的种族主义威力极大，它直截了当地将有色人种置于绝望的深渊。根据这一理论，有色人种无论创造出何等辉煌灿烂的文明，那都不值一提，根本没法和白种人的文明相提并论。作为个人，即使你努力接受白种人的“先进文化”，你的教育程度，文化修养和聪明才智甚至高于白人同类，但你没法儿把自己的皮肤变白吧？在种族主义者眼中，你的肤色决定了你永远低人一等。

二次大战前，由于希特勒将种族主义发展到极端，并且由于其种族主义政权在战争中的垮台，种族主义才变得臭名昭著。尽管如此，种族隔离制度在美国南方照样盛行，直到上世纪六十年代民权运动的兴起。

民权运动的一个重要成果就是 1964 年通过的民权法案（Civil Rights Act of 1964），这一法案规定了美国境内不得采取种族隔离，也规定对黑人、少数民族与妇女的歧视为非法。它结束了美国自建国以来长期的黑白种族隔离政策，被认为是人权进步的里程碑。

与此同时，美国政府在相关政策、立法、司法和实践中实施“平权法案”（Affirmative Action）。“平权法案”是美国社会在经历了长达数个世纪对少数族裔尤其是非洲裔的压迫、隔离和歧视后，在种族矛盾高度紧张的情况下所采取的一种涉及行政、立法和司法系统的综合“救治”行动。这一行动的显著特点不仅是保护弱者和弱势群体，比如租房，买房和贷款，不能因为种族、宗教信仰、性别、国籍等原因有歧视行为，而且在上学就业等方面优待少数族裔。

这种政治现象代表的是文明社会的发展方向。一个社会只有进步到一定程度，才会刻意强调保护其中的少数人和弱者。美国社会接受并强调这种做法，在政治上无疑是正确的，表明这个国家比民权运动之前已经进步了一大截儿。

社会变革往往从器物层面到政治和社会制度层面，再到思想文化层面，由表及里地展开。民权运动后，美国种族问题不但在政治制度和法律层面，而且在思想文化层面也发生了重大变化。而种族问题在思想文化领域产生积极变化的最显著的标志就是“政治正确”的观念被社会普遍接受。

那么，什么是政治正确呢？“政治正确”是指使用一些用词及施行部分政治措施，避免冒犯及歧视社会上的弱势群体，如不能冒犯少数族裔、女性、同性恋者及跨性别人士（LGBT）、不同的宗教信仰或持不同政见者，及残疾人士（见《维基百科》）。

“政治正确”一词是上世纪九十年代出现并在社会上流行的，最早是指大学中的一种左派思潮。在当时的文化争论中，反对派给激进的左派人士贴上一个标签，即“政治正确”，讽刺他们的观点只在政治上正确，在其他方面一无是处。

其实，“政治正确”也可以溯源到上世纪六十年代的民权运动，是人权平等观念的延伸。它由“人人生而平等”推演开来，发展出种族平等、性别平权、性向和信仰自由等社会理想。上世纪六十年代，除了民权运动，美国社会还出现了广泛的社会抗议运动，如校园民主运动、妇女解放运动、反战和平运动、环境保护运动、同性恋权利运动……等等，这些反传统的社会运动虽然转瞬即逝，但在推动社会进步过程中都或多或少地产生了持续性影响。

随着民权观念深入人心，美国社会逐渐形成一种风气，对过去对待弱势群体的方式进行了反省。除了立法保护和优待弱势群体外，在语言上也相应地做了尊重弱势群体的规范，将带有歧视性的词语剔除。不能再管黑人叫 Nigro，而改称“非洲裔美国人”，将印第安人改称“美洲原住民”，“妓女”变成了“性工作者”，“疯子”改称“精神病患者”，连“傻子”也不能直呼其傻，要用“智能受挑战者”来避免在语言表达上犯“政治错误”。在某种程度上，坚持“政治正确”的人在理想主义的道路上又走向了另一个极端，这种规范甚至给言论自由划上了红线。

“政治正确”的推行并非一帆风顺。反对者认为，主张“政治正确”的人提倡的是一种平均主义，弱势群体要求平等意味着政府必须以不平等的方式来对待非弱势群体。事实上，在优待黑人、妇女、同性恋者等少数群体的同时，在人口上占多数的白人异性恋男性常常会受到不公平待遇，甚至导致了逆向歧视。因此，也引起社会中沉默的大多数人的强烈不满。

正是在“政治正确”走向另一个极端的形势下，**社会上的种族偏见从公开转向隐秘，成为美国社会一股强大暗流**。川普总统在 2016 年巧妙地利用了民众对“政治正确”、特别是精英阶层（包括主流媒体）的“政治正确”的愤怒，大胆地拿“政治正确”开刀，说老百姓想说而不敢说的话。因此，赢得相当“民意”，当选总统。他那个“让美国重新伟大”（Make America Great Again）的口号无疑是对一个消退的文化传统的回归，同时也在客观上为白人至上的种族主义的回潮开了绿灯。

种族问题将会长期存在

任何一种文化传统的形成都要经过相当长的一段时间，而这种文化传统的改变消失也是如此。这就是所谓的“传统的持续性”，也是为什么美国种族主义文化传统不易消失的原因。正因为如此，系统性的种族主义偏见得以存在于很多人的潜意识中而不自知。

在“平权法案”实施了长达半个世纪之后，黑人在美国社会中的状况依然堪忧。作为人口占13%的少数族群，黑人在美国社会中最严重和长期存在的问题之一仍是贫困，近 25%的黑人家庭生活在贫困线以下。他们教育程度低，失业率高于平均水平；犯罪率高，在美国各州和联邦监狱里被羁押的犯人也以黑人居多。因此，警察对黑人的成见(stereotype)也就容易理解了。

不久前发生在纽约的“库珀事件”就是一个例证。纽约中央公园一个白人女子库珀因为不满另一个黑人向她提出栓绳遛狗的要求，报警时撒了谎。这件事的真相曝光后，白人女子库珀遭到网民大力声讨。她所属公司将其解雇，同时，她也不得不公开道歉。

冰冻三尺，非一日之寒。虽然黑人在美国社会中的地位已有很大改善，但前面的路仍然很长。为什么实施平权法案后政策明显向黑人倾斜，效果却不如人意？是黑人族群自身的问题还是制度问题？是否因为机会不平等造成了结果不平等？在很多人心中是有数的。然而，由于历史的原因，由于白人的“原罪”，由于“政治正确”对言论自由的设限，这个问题一直没有得到认真对待，甚至有被党派斗争利用的嫌疑。

美国社会真正实现种族平等，也非一日之功。企图以激进的方式改变这种状况，用一两次示威游行来发泄愤怒，效果很可能会适得其反。可以预见，在今后相当长的历史时期内，种族问题仍将是美国最大的政治和社会问题。

今年是美国的大选年，此次民众抗议的诉求将成为两党竞选的重要议题。尽管发生了这次动乱，但美国制度自我纠错的优越性仍不容置疑。美国历史上曾发生过多次此类事件，紧随其后的不是美帝的崩溃，而是社会的进步。

最新消息跟进：明尼苏达检察官 Keith Ellison 3 日更新了对膝压导致黑人丧命案中的主犯前警察雷克 · 肖万的起诉罪名，上升为二级谋杀和二级过失杀人。此外，他还对涉及此案的另外三位警察 Thomas Lane, J. Alexander Kueng 和 Tou Thao 以二级谋杀和二级误杀协助教唆罪（aiding and abetting）加以起诉。其中 Kueng 和 Lane 一度协助肖万将弗洛伊德摁住在地，Thao 则站在一边。死者弗洛伊德家的律师说，这是向正义之路迈出了很重要的一步。

原载于 2020 年 6 月 5 日《亚美导报》

在大自然中寻找慰籍

——2020 年拍鸟的故事

韩冀宁

作者简介 广西大学外文系毕业，1985 年来印第安纳大学攻读比较文学，获硕士学位后改学电脑技术，现已从事 IT 工作多年，居住在印州卡梅尔市。积极参与社区活动，推广中国文化。近五年热衷于拍摄大自然，并积极参与当地合作观察和保护大自然的活动。

2020 年，当疫情在全球蔓延的时候，有很多报道和图片都在显示，地球突然变得干净了。人们感慨，我们把地球折腾病了，她需要疗伤。由于疫情人们被迫居家隔离，这大大地减少了各种人类活动所带来的污染，给大自然一个清理自己的机会；但对于户外活动和大自然爱好者来说，则意味着自己的活动受到严重的束缚和限制。

我是一个观鸟爱好者，而且不仅仅是观鸟，还特热衷“打鸟”。所谓“打鸟”，就是用相机拍鸟。自从五年前爱上这一活动，我跟大自然的接触多了很多，也很为长时间人们对自然保护所做出的努力而感到欣慰。比如我们印第安纳州，拥有 3 个国家公园，25 个州立公园（State Park），州首府一带到我们所居住的 Hamilton 郡有近 250 个地区公园和自然保护区。美国的公园，人工雕琢痕迹很少，大多数都具有自然保护区的性质，因此几乎每个公园或保护区都有丰富的树林、灌木、小溪、河流或湖泊资源，为野生动物包括鸟类提供了极为宝贵的环境。早些年对这些没有在意，开始观鸟拍鸟后，才一个个地去游玩探索，每次都会有新的发现。另外，大自然赋予我们州四个分明的季节，进而为近 300 种鸟类提供了永久的家园或者必经的迁移之路。

观鸟和拍鸟是个令人上瘾的爱好。据初略统计，美国大约有 6 千 8 百万 观鸟爱好者。在中国，观鸟自 1990 年代开始，先是寥寥数人的小范围爱好，至今已经发展到仅是各种观鸟协会都已经超过 50 多，人数从百到千，现在起码也有几十万。几年来，两天的周末我至少要花上半天甚至两整天的时间在各处寻找鸟类。平时周日碰上好天气，上班前下班后，甚至是午饭时间，都要跑到最近的公园或树林逛一圈。

正常时期的观鸟爱好者们

2020 年的开头是很不错的。一到周末，都会拎着相机到树林或公园里，加入我在观鸟过程中碰到的观鸟群。很多美国朋友都是从小就开始观鸟，几十年风雨无阻，积累了大量的经验和知识。每回跟他们出门观鸟，都能对鸟的历史和习性学到很多知识，也学会了如何通过鸟的长相或者啼鸣声辨别鸟类。集体观鸟不仅仅可以相互学习，增加找到鸟的几率，也可以结交很多新朋友，也就是俗话说的“以鸟会友”。特别是要出远门的时候，大家一块乘车，既节省交通费用，还能够打发长途旅行的枯燥无味。

白头鹰抓鱼

一月和二月，天气还非常寒冷，湖水和河水经常处于冻结状态。这种时候，是拍美国白头鹰的最佳季节。因为河面冻结，老鹰们只好到水坝一带捕鱼，那里的水流急，不易结冰。今年跟朋友们一逢周末，只要不下雨，就会开车两个小时外出拍鹰。在零度以下的天气里，守在河边几个小时，人的手脚都会冻得发僵，但是拍到白头鹰抓鱼的镜头时，人的血液会沸腾，心情会愉悦，会完全忘记寒冷。

寒冷的冬天逐渐过去，三月份四处开始出现春天给大地带来的生机。“春江水暖鸭先知”，随着天气回暖，我们最喜爱的公园之一“老鹰湖”里，来了大群迁移的鹈鹕与其它各种各样的野鸭类。我喜欢跟几个朋友在太阳升起之前赶到湖边，寻找各种小鸭、鹭鸶、鹈鹕和海鸥。

老鹰湖迁移的野鸭

2020 年，可谓开门大吉。可是好景不长。新冠疫情 3 月份就开始大面积蔓延，很快风声鹤唳。我们公司 3 月初便让员工在家里上班，不要出门。美国各个州、市也都相继宣布各种隔离规定。3 月 18 日，我们卡猫市市长颁布了“封城”令。

3 月 19 日我在笔记中写到：“封城对我的直接影响：工作日白天，改在家里上班；星期一、四、五晚上的羽毛球取消了；周末，羽毛球和集体太极拳活动也取消了”。总之，一切团体性活动都被禁止，这也就意味着，我不能继续跟鸟友们结伴观鸟和拍鸟了！

一连好几天，本地社交媒体的各大鸟群和自然爱好者群里讨论的都是这些“封城令”对我们每个人来说意味着什么？对我们的爱好会有多大影响？后来，一些补充性消息陆续公布，其中包括“以娱乐为目的驾驶出门，但不能出车门”。看到这个消息，我哭笑不得。除非在特别的情况下，否则只可以坐在车里观鸟，但是鸟儿们不是路灯，它们不会夹道欢迎观鸟爱好者们。不走林间小道、不沿河流或湖畔寻找，如何能拍到鸟儿啊？一些条文，真的是让我越看越不明白。我甚至开始怀疑我的英文理解出了问题，或者思维方式跟不上美国人了，需要人来排忧解惑。抱着各种疑问，我在美国朋友圈发出了询问，发现大多数人的理解跟我差不多。最后，一些比较"权威"的人士发言了。对于观鸟人来说，有个福音：市里鼓励大家充分利用自然林园和林间小道，减轻因为隔离带来的压抑。但是不抱团，保持距离是必须的。也就是说，到林子里观鸟是允许的，只是不能跟鸟友们一块儿，而是成为一个"独行侠"。

虽然因为隔离后只能在家里上班，不能见到同事，也不能跟鸟友们共同出行，但是突然发现自己可自由支配的时间多了起来。原来花在上下班路上的早出晚归，在这种情况下变成了我拍鸟的时间。查看一下我的拍鸟记录，从 3 月中旬开始，一直到 9 月中旬，我几乎每天都有拍鸟收获。要知道，从早春到初秋，我们这里会经历两次候鸟迁移，特别是几十种林莺的路过，是观鸟人的年度大事。每年的 5 月 10 日，是"国际观鸟日"，这一天，观鸟爱好者几乎是倾巢出动，寻找自己喜爱的鸟儿们。

这段时间，气候宜人，称为百花齐放，百鸟争鸣的季节毫不夸张。每天一大早，日出前便赶到树林。正常时期人都不多，在病毒横行的日子里更是如此。有多少次，我独自走在树林里，呼吸着舒心的空气，聆听着各种林莺的啼鸣。新世界林莺(New World Warblers),也叫歌莺（Song Birds），它们个头不大（比麻雀小一圈），但是羽毛色彩鲜艳，小巧玲珑，非常活泼，不停地在树枝树叶中跳跃捕捉昆虫。

歌莺

也就在这段时间，我走遍了本地方圆 20 英里的各个大小公园和自然保护区，并且发现了很多平时没有机会发现的鸟种。其中最令我满意的是就在离我家只有十几分钟路程的保护区里，先后发现了三种不同的猫头鹰（下图）。

4 月到 10 月初，各种各样的漂亮鸟类来了走，走了来，但是有一种却一呆就是半年。这就是蜂鸟。蜂鸟个头就跟我们的大拇指差不多大小，但是特别能飞。每年在北美过半年，又到南美过半年，飘洋过海，其飞翔能力可想而知。蜂鸟的主要食物是花蜜。因为是流食，所以要保证足够的能量，它们几分钟就要进食一次。它们喜欢偏红色的花，所以在野外如果能找到红色紫色的花群，只要耐心等待，都可能看到蜂鸟。

蜂鸟

春夏秋三季一晃眼而过。到了 10 月中旬，我们这里便开始闹“鸟荒”。林子里的树叶基本掉光了，草地也干枯发黄了。大批的林莺和其它陆地候鸟已经南去，走在公园里感觉特别的荒芜和寂静。最令人不爽的是，阴天开始多了起来，换季后日短夜长，到了上班时间天还是黑的，有太阳的日子也是人还没下班太阳便已落下。跟前半年相比，真是进入了名副其实的“蜗居”模式，落差感十分强烈。

10 月 31 日星期六，天气预报是个好日子。清晨 6 点出门，驱车两小时到南边的“鹅池”(Goose Pond)看看有哪些水鸟光临。到达目的地后，将车停在一片草原边上，刚出车门，就听见来自各个不同方位的枪声。每年冬季，在一些指定的自然保护区，允许打猎，主要猎物是泛滥的野鸭和野鹅。在拍鸟时听见远处的猎枪声对我来说已经不是一两次了，但是枪声之密集和距离之近确实有些令人生畏。

这天我是跟另一位从黎巴嫩移民到美国的小伙子一块。他虽然年轻很多，但对鹅池的环境比我更为熟悉。我听见四面的枪声后，便问他是否会有危险。他信心十足地告诉我没关系，他见多了。于是我就跟在他的后面在膝盖高的草丛中向一片沼泽地走去。 一路上，听到头顶有鹤的叫声，我很本能地举起相机寻找目标。天空非常晴朗而开阔，不费任何功夫就看到由远到近的美洲鹤。因为狩猎和环境的破坏，美洲鹤已经濒临灭绝。到 1941 年，全世界只剩 22 只。自那以后，美洲鹤列入保护动物，经过几十年的努力，现今也就仅存 800 多只。很多观鸟爱好者会专门抽时间寻找美洲鹤，但是出于对这种鸟类的保护，任何人都不能公布他们见到美洲鹤的准确地址。

我俩继续朝沼泽地前进。路越来越不成路，泥也越来越稀，一脚高一脚低地接近小湖，隐约可以看见一群群的水鸟在水边觅食或飞来飞去。我们加快了脚步，接近湖畔，然后找好机位开始拍摄。

这次看到的有滨鹬(Dunlin)、黄脚鹬（Greater Yellowlegs）、琶嘴鸭（Northern Shoveler）等水鸟。我们拍得正兴高采烈，突

然听到小湖对岸枪声大作，接着几只野鸭从空中慌忙飞过。枪声停了下来，我问朋友，“你知道开枪的人在哪吗?”他说就在对面。这时候只见一只黑色的猎狗在水中奔跑，然后就扑进水里，叼起一只被打死的野鸭子朝岸边跑去。顺着黑狗的身影，我们看见三位猎人兴高采烈地交谈着。很明显，刚才是他们开枪打鸭子。这时候他们开始对我们高声大喊，“喂，你们拍照片的，你们换个地方。你们正好在我们对面，我们开枪不安全！”我和朋友面面相觑，他们这是先斩后奏啊！我们分析了一下，刚才他们没有赶我们走，八成是因为野鸭接近他们，大声高喊会贻误战机，所以等开完枪后才对我们提出“警告”！

为了安全，我们只好朝左边走去。可是走了几十米后，前方草丛里突然又站起一个人，手里举着猎枪，对我们大声喊道："不要过来啊。我不是个坏蛋，但是过来这边对你们实在不妥！"这一下我们才知道我们是处于三面楚歌的境地！

"不要过来啊。我不是个坏蛋，但是过来这边对你们实在不妥！"

这么一来，我们实在是无心恋战，只好转移阵地。"打鸟"多年，这次算是碰上真正的打鸟人了。人家手里的家伙那是真枪实弹，咱们只能退让，好不容易出门一趟，却是扫兴而归。

查看我的拍鸟记录，11 月到 12 月出门的日子屈指可数。天气不好、鸟儿减少、加上年底工作繁忙，真正地体会了两个月闷在家里发霉的感觉。但是俗话说得好，当老天关上一扇门的同时，也会打开一扇窗。每年的冬天，上万只沙丘鹤会来到我们州过冬，最有名的地方是离我们两小时外的贾斯伯自然保护区。每年的感恩节期间，眼睛盯着天气预报，希望两天的假期和两天周末里会碰上一个好日子。11 月 28 日，终于如愿以偿，看到了大批的沙丘鹤。沙丘鹤白天到各处收割完毕的玉米地觅食，晚上回到有水洼的树林旁过夜。观看沙丘鹤的人喜欢黎明和黄昏的时候看鸟儿们出林或归林的壮观场景。那时候成百上千只鹤组成庞大的鹤群，在天空盘旋、飞翔，伴随着高亢的鹤鸣，非常震撼。除了 28 日那天，我其它时间则是行驶在乡间小道，在农田里寻找鹤群。沙丘鹤们大多数时间寻找掉在田里的玉米粒或者蚯蚓，吃饱喝足后，便会从事各种娱乐活动：有时候会有调皮的鹤挑逗其它的鹤，相互追逐或翩翩起舞，或者叼起地上的玉米茬抛向空中，有时候其它的鹤也会参与，颇似一场竞技运动。

沙丘鹤

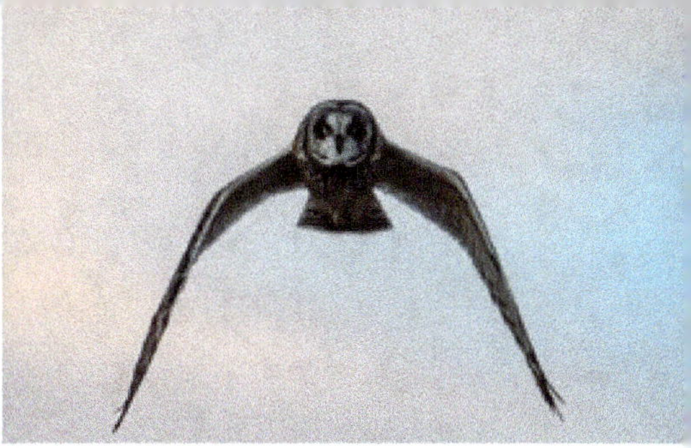

2020 年最后一次野外拍摄

12 月 10 日星期四是个艳阳天。早在几天前就十分关心天气预报，发现前后的周末都是下雨或者阴天，只有这天是个大晴天。对天气如此关心的原因是，听说这段时间，短耳鸮非常活跃，鸟友们纷纷开车到十分偏僻的农村观看和拍摄。为了亲眼目睹短耳鸮，那天我特意请假开车两小时去拍摄。开到地点后，发现那里除了大片大片已经收割过的农田和荒草，基本上没有任何人烟。草地里还躺着一台收割机，不知道是否还能用。

下午四点左右，虽然太阳已经偏西，但是光线还是不错。这时候，远远看到出现了一只猫头鹰，然后近一个小时都没啥动静。观鸟和拍鸟，都需要有心理准备，颗粒无收时而会发生，特别是在淡季。在过去的一年中，我曾四次像这次一样开车两个小时到郊外寻找，但每次都是连猫头鹰的影子都没见到。这次总算看到了，但是如此遥远，心里有些着急。耐心地等待了近一个小时，太阳已经接近地平线，又有两只猫头鹰出现了！而且这次它们相对近了很多，还有一只在距离我 50 多米的一片草地上停了下来！

冬天的太阳落山似乎特别快。感觉没有拍摄多久，就到了 6 点钟，这时候太阳已经低于地平线，可见度大大降低，也该结束了。就在我拉开车门准备回家的时候，很下意识地朝身后看了最后一眼。就是这一眼让我看到不远处一个黑点正在朝我飞过来。我赶紧举起相机，连续拍了几十张照片。最后那只猫头鹰从我头顶上飞过，是一整天距离最近的一次机会。

2020 年即将过去，美国迎来的却是黎明前的黑暗。回首这一非比寻常的庚子年，感慨万分。我们所经历的每一天，似乎都是警惕警惕再警惕，似乎每天听到的都是不好的消息。然而在各种新的压力中，我个人感觉在大自然中找到了慰籍，在观鸟和拍鸟过程中不仅仅得到减压，更是进一步了解了自然和我所关心的鸟儿们。同时我更是希望 2021 年的生活能够恢复正常，人们从 2020 年的惨烈疫情中学会如何善待大自然，如何跟大自然共存。

走遍印州的山山水水

韩先明

作者简介 1982 年毕业于中国科学技术大学，1989 年获科罗拉多大学物理学博士学位，随后受聘于印城巴特勒大学（Butler University）至今。现为物理天文系教授，任系主任 9 年，业余爱好摄影、徒步旅行。

新冠疫情初期，印州就宣布了居家闭市的隔离防范政策。可呆在家里不出门，固然可以躲开病毒，但久而久之，身体和心理健康都会受到伤害。美国的疫情始终全球领先，越洋远游不再受欢迎，还有可能在旅途中被病毒感染。我和几个好朋友一商量，为何不利用这个难得的机会，在本州的旅游景点就地旅游呢？当天来回，不用住旅馆，自带便当，也不去餐馆。于是一到周末，我们就相约去州立公园和森林景区远足。顶着人人畏惧的疫情，从烟花三月到白露为霜，走遍了印州的山山水水。

我们惊喜地发现，州立公园和森林都有步行道，山路距离在 10 英里左右。在森林中漫步，吸氧洗肺、养眼安神、爬山健身，达到了身心健康的和谐境界。想不到，美丽的自然风光就在我们的家门口！下面介绍我们去过的一些地方：

Turkey Run 火鸡跑州立公园

8121 E. Park Road, Marshall, Indiana 47859 *765- 597-2635*

火鸡跑在印州西部，面积2382英亩，是印州在1916 年百年州庆时建立的第二个州立公园。据说，早期来此地的拓荒者发现野火鸡喜欢跑到峡谷深处取暖，就经常来这里来追踪猎取。“火鸡跑”也就顺理成章地成为地名和后来公园的名字了。

火鸡跑是我最喜欢的印州州立公园，百游不厌。园中奇特的地貌是由在石炭纪沉积的砂岩形成的，有长长的峡谷，谷底的小溪旁有大大小小的石头，岩壁上还有苍绿的小树。顺着路标，在一条条小路上徒步、攀岩，曲径通幽。我们第一次来是在初夏时分，一进峡谷，立马就有凉风袭来，沁人心脾。疫情肆虐，游人少了许多，给了我们与大自然亲近的机会，别有一番情趣。

因为留恋这里的青山绿水，我们在初秋又来到火鸡跑。这回我们租了一只独木舟，顺流而下。那一时刻，空气清新宜人，河边的树林色彩斑斓，夕阳西下，似乎我们又回到了岁月静好的过去……

McCormick's Creek State Park 麦克米克溪州立公园

Route 5, Box 282, Spencer, Indiana 47460 *812-829-2235*

在拓荒者来到这里之前，这片森林里有鹿、松鼠、松鸡，林中小溪里有鱼，是印第安人的狩猎场。1816 年，第一个拓荒者 John McCormick 以他的名字命名了在瀑布边和峡谷旁的 100 英亩丘陵地带，把它归为自己的地盘，并在此地伐木、畜牧、种地。1888 年，一位叫 Frederick Denkewalter 的医生看中了这片宁静的土地，认为居住在这里可以帮助病人恢复健康。于是将它买下，建了一所疗养院。医生于 1914 年去世，以后州政府在 1916 年百年州庆时收购了这片土地，把它变成一个公共游乐场所，于是麦克米克溪便成为印州第一个州立公园。经过后来的拓展，公园面积达到现在的 1852 英亩。

如果你夏天去麦克米克溪，一定要带上游泳衣，你可以享受在瀑布里淋浴和戏水的乐趣，也可以在小溪中行走，在砂岩石上跳跃，不必在乎弄湿衣服。我们去的那天没有带游泳衣，看着在溪中戏水的小男孩，心里痒痒的。

Ft. Harrison State Park 哈里森堡州立公园

5753 Glenn Road, Indianapolis, Indiana 46216　　317-591-0904

哈里森堡公园是以出生在印州的美国第 23 届总统本杰明·哈里森的名字命名的，位于印城东部，于 1996 年设立。虽然从时间上来看它是最年轻的州立公园，但却也有一段有趣的历史。当我们徜徉在秋溪边的小路上，欣赏平静的湖水，在曲折的山路上骑马，亦或在草坪打高尔夫球的时候，不时会回想起这里的历史：曾经是军火库、一战和二战时的军营、战俘营、空军基地、陆军军官学校、国家卫队训练营……

如果你想带孩子享受一下春天的新绿或者秋天色彩斑澜的树叶，但时间不多，哈里森堡州立公园是一个绝好的选择。

Jackson– Washington State Forest
杰克逊—华盛顿州立森林

1278 East State Rd 250, Brownstown, Indiana 47220　812-358-2160

印州南部有一片 18000 英亩的大森林，横跨杰克逊郡和华盛顿郡，州政府于 1930 年和 1950 年将其买下，命名为杰克逊—华盛顿州立森林。

这片森林保留了印州的原生态，上下坡很多，徒步需要很好的体力。我们第一次去是盛夏，森林里甚是凉爽，有多种漂亮的蘑菇。第二次去已是晚秋，林间的地上落满了树叶，宛如铺上了厚厚的红地毯，我们在森林里走了老半天，才遇到两个老美，一位和我们用中文聊天，原来她在中国教了 9 年中学。

春（上图）　　杰克逊–华盛顿州立森林　　秋（下图）

Clifty Falls State Park 悬崖瀑布州立公园

1501 Green Road, Madison, Indiana 47250　　812-273-8885

1920 年，印州政府买下俄亥俄河边的这片净土，设立为州立公园，初衷是保留印州的原始地貌。这里的悬崖瀑布形成于冰川纪，将向南的水流汇集于此，倾入俄亥俄河中。当时最大的瀑布 200 英尺。现在园中有四个瀑布，大的还有 60 英尺，1 至 6 月降雨季节，很远就能听到瀑布飞流而下的轰鸣声。砂岩悬崖的谷底有一条小河，河底是石板，干干净净的，赤脚走在上面简直惬

意得像神仙似的。

据介绍，园中的悬崖峭壁间和绿林小溪旁，生活着很多野生火鸡、鹿、黄鼠狼、狐狸、鹰和鸟等动物。园中有4.25亿年的页岩和石灰岩，如果你运气好，或许还能找到海洋生物的化石。要不是疫情，我们很想到公园里的旅店住上一晚，坐在悬崖上，在夕阳中欣赏俄亥俄河。

感谢印州的先人，为我们留下了这份宝贵的大自然遗产。

Yellowwood State Forest 黄木州立森林

772 S. Yellowwood Rd, Nashville, Indiana 47448　　812-988-7945

这是印州最大的州立森林之一，面积 25000 英亩，其中的黄木湖就占了 133 英亩，湖的最深处达 30 英尺。在 1956 年联邦政府把这片大森林给了印州之前，民间保护团和工程项目管理局在这里挖了三个湖、建了棚子和一座房屋。我们第一次是盛夏时去的，遍地野花，十分养眼。深秋再去时，树叶已经色彩斑斓，我们坐在松软的树叶铺成的地毯上与美丽的树木合影留念。

Morgan–Monroe State Forest 摩根–梦露州立森林

6220 Forest Rd. Martinsville, Indiana 46151　　765-792-4654

很早以前，这片大森林是印第安人居住的地方。垦荒者来后，伐树、开荒、发展农业和养殖业，但后来发现这片土地高低不平，土质贫瘠。至 1930 年州政府买下时，原有的树木已经所剩无几。经过几十年的植树和自然保护，才有了现在遍地郁郁葱葱的黄木森林，树木中有 17 种是优质木材。

我们很喜欢林子里面的一条“三湖径”（Three Lakes Trail）。大家走在小径上，说说笑笑，看山看水，偶尔还会看到林中的小木屋。

Shades State Park 林荫州立公园

7751 S. CR 890 West, Waveland, Indiana 47989　　765-435-2810

Andromeda Galaxy 仙女星系

林荫州立公园距离火鸡跑不远，地貌有很多相似之处，有峡谷和小溪，还有矿物质丰富的泉水。可想而知，在拓荒者到来之前，这里是印第安人的居住地。“Shades”是阴影的意思，确实，这个公园受到光照的影响很少，夜空比附近地区暗得多，最适合看星星。我很喜欢在这里度过宁静的夜晚，仰望星空，自由地遐想。

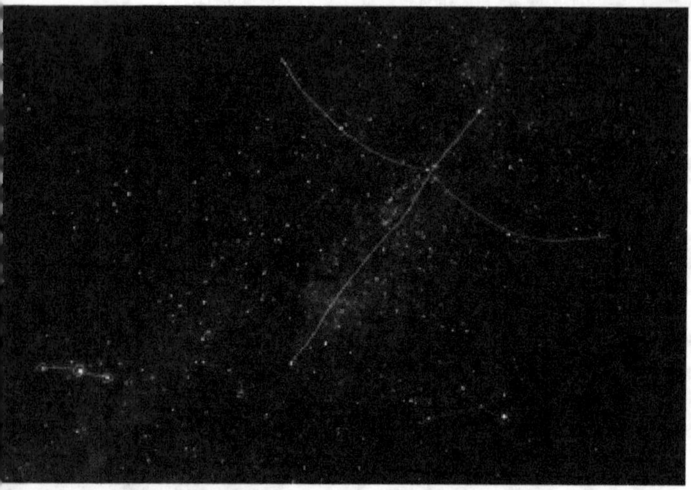

左下角的是“牛郎”，挑着他们的两个儿子，一边一个。右下角的是“织女”，手上拿着纺锤（菱形）。右上是“喜鹊”，从右上往左下飞越银河（右上到左下那条白色带）。

Sculpture Trails 室外雕塑博物馆

6764 North Tree Farm Rd, Solsberry, Indiana 47457 502-554-1788

这是一个很奇特的室外博物馆，于 2002 年成立，有逾 100 件由全世界的艺术家创作的大型雕塑。因为是在室外，这些作品大部分是铁铸的。不过，一年四季，春华秋实、阴晴圆缺，变幻无常的大自然作背景给这些作品增加了创作的难度，也给了观赏者想象的空间。

我们去的时候是秋天，林中树叶色彩鲜艳。朋友们边走边欣赏这些与大自然浑然一体而又相得益彰的艺术创作，天成其中有人作，人作其实亦天成！ 我们还碰到了两位艺术家，她们介绍了如何用博物馆的炼铁炉塑造艺术品。

Cataract Falls State Recreation Area 大瀑布景区

1050 North 2605 N. Cataract Rd, Indiana 47460　　765-795-4576

这是印州降水量最大的瀑布，分上瀑布和下瀑布。上瀑布有水帘洞（上图），游客可以走到水帘后面。下瀑布前面有一片平地（下图），很适合练降龙十八掌之无影掌呢！

Jasper–Pulaski Fish & Wildlife Area

杰斯帕–普拉斯基鱼类及野生动物保护区

5822 Fish and Wildlife Ln, Medaryville, IN 47957　219-843-4841

这里有沼泽，有森林，很少人迹，难怪每年沙区鹤在春秋时候南北徒迁一定路过此地。

Brown County State Park 布朗郡州立公园

P.O. Box 608, St. Rd. 46, Nashville, Indiana 47448　　812-988-6406

很多当地的人说，这个公园是印州最好的公园。虽然觉得有些言过其实，但它确实是印州最大的州立公园，面积 15696 英亩；因为离印第安纳大学只有 30 分钟的车距，这里成了游客最多的公园。

我们去的那天已经是深秋了，阳光明媚。虽然过了观赏红叶的旺季，但还是遇到很多游客——学生、老师、印度人、墨西哥人…… 所有人都笑容满面。也许他们和我们一样，在疫情中走出家门，享受自然的美景，探索印州。

逆风前行——疫情挡不住的马拉松

曾鸿

作者简介 1988 年来北美留学，主修信息管理。从事 IT 行业 20 多年。1991 年定居印第安纳至今。1988 年结婚，育有三个孩子。现为执照金融理财师。近年来热衷于社区活动，爱好烹饪、健身、尤其是跑马拉松。

新冠肆虐的 2020 年，对马拉松长跑爱好者来说，也是跌宕起伏的一年。在一波又一波疫情的冲击下，各地经济停摆，马拉松赛事也连连取消，连平常印城华人跑友约跑的卡梅尔莫农步道（Carmel Monon Trail）也为避免人流量而一度封闭。

“生无所息，跑步不止。”这是每年跑八九场甚至十几场马拉松赛的印城华人长跑爱好者的坚定信念和刻苦实践。在疫情危机中他们没有畏葸弃跑，而是逆风前行，愣是把个马拉松跑得风生水起。

星条旗永不落——国庆马拉松

三月中旬，印州的大部分城市 lock down 后，罕见有人还在跑步，连跑圈经常名列前茅的同学也陆陆续续在 Strava（一种跑步记录软件）上销声匿迹了。在如此萧条的情况下，家住卡梅尔的侯永浩和晏良增逆风前行，认为强健的体魄是抵御任何疾病的第一道防线，包括新冠病毒。所以他们在疫情中从未放弃跑步。

“珍惜生命，保持运动状态，我们足够强壮，跑起来战胜病毒吧。”他们用这样的口号与跑友们共勉。这也正吻合了英语中的一句名言：A cure cannot be worse than the disease itself.

为了让大家再跑起来，找回参赛的激情，他们开始酝酿一场民办比赛，时间就定在美国国庆节，名为“星条旗永不落马拉松”。

独乐乐不如众乐乐！有了比赛的目标，就有了动力。为准备这场疫情下的第一场赛事，跑友们开始三三两两结伴训练起来。为了遵守印第安纳 Hamilton 郡的健康卫生标准下，赛事尽量不聚众。大家坚信，能跑马拉松和半马的肺，大概率是不带病毒的。虽然是民办赛，赛事也搞得正规体面，晏良增准备了比正规赛还大的奖牌；遮阳篷搭起来就是补给站，支起的沙滩帐篷里面甚至还有移动厕所，好周到！王天教练和晏良增赛前多次预跑，以确保路线的合理性。凑巧，这次马拉松路线从地图上看还真是个星条旗的形状。家属们全力支持，大学生木木和谭教练戴着口罩来

递水。教授韩先明一如既往地当赛场摄影师，捕捉每个人的靓丽风采。作为主办方，晏良增一度担心跑前一晚放好的补给被人挪走，或者跑到一半因疫情违规被执法人员驱散，所以赛事尽量搞得低调。好在 Hamilton 郡民风淳朴，没有人多管闲事，连警察也没有停下来过问。

7 月份，跑者最担心的是天气太热。果真，当日 90 度高温，全程没有一寸树荫，没有一丝凉风。一群已经人到中年的靓妹帅哥们，没有像许多人休闲过节那样，吹着空调躺在沙发上吃冰西瓜，而是头顶烈日，脚踏热浪，汗流浃背地冒着酷暑奔跑。这就是马拉松，马拉松的魅力！他们的真心所爱啊！

爱红妆也爱跑马的木兰军

说到印跑团，当然少不了要提木兰军。木兰军是为印州唯一的女子马拉松赛事——印城女子半马赛而组建的。木兰军的司令，是我们的“大师兄”。未谋面前，常在跑群里和“大师兄”称兄道弟，一见面才知人家是个长腿美女。

2020，纷纷扰扰的病毒绕着地球转啊转，木兰军的姐妹们也只好跟着在厨房里转啊转。大家闷在家里把所有面食做了一遍，把所有蛋糕烤了一遍（悄悄地说，其实吃了好几遍!）平常的绿道上再也见不到姐妹们奔跑的身影。当跑群快沦陷成美厨娘群时，大师兄吹响了战斗的号角，从 5 月开始发起了一系列木兰挑战赛。

我们的口号是：为了吃得更香吃得更好，木兰军开跑！

跑 / 走不限，次数也不限，从第一次开跑计时算起，在 72 小时以内累计完成如下距离：

健康窝窝头组：10M

甜香白馒头组：13.1M
酥软葱油饼组：30K
多汁肉包子组：26.2M
嗦咋肉夹馍组：50K

看着这菜单，姐妹们纷纷挽袖子下场。花样挑战赛一个接一个，姐妹们成功地抵挡住了梦回大唐（变胖）的趋势。

转眼到了九月，这是印州特有的 Indian Summer（印第安夏日）——白天热早晚凉。印城女子半马赛将在 9 月 19 日开赛，这是本地今年唯一还没有宣布取消的赛事。持续走高的疫情曲线，让大家提心吊胆，会取消吗？组委会没有让姐妹们失望，在把疫情防控做得最周到的情况下，女马将照常举行 !赛会将参赛人数控制在 700 人，谢绝志愿者；往年热闹非凡的赛前室内展销会改为在室外公园举行；所有参赛选手跑前跑后都要求戴口罩，而且组委会很贴心地在赛前礼包里放了口罩。

在期盼与等待中，开赛的日子来到了。秋高气爽，凉风习习，没有比在这样的天气完成一场户外跑更加惬意了。没有了热闹的啦啦队，没有了响彻云霄的欢呼声，大家静静地摘下口罩，遵从着社交距离的要求，从起跑线迈出了第一步。一步一步，看着那城中心的天际线；一步一步，看着那运河边的小花园，这是我们熟悉的城市，2020 的疫情未曾将它改变。冲刺！终点线！带着满心的喜悦，自己从桌上拿起奖牌和玫瑰，而往年是由那群帅哥来发奖牌献鲜花的。不一样的 2020 年，不一样的马拉松记忆。

此次比赛木兰军的明星，当数女马最坚定的拥趸者何小华。大部分报名选手选择线上跑或者延期跑，她坚持实地跑。快乐完赛后，何小华说："不怕！这是室外活动，何况春天做义工的时候都没怕过，做足自我保护就好。在知道自己没有身体不适的情况下，为什么不跑呢？"木兰军司令平时吆喝的训练计划十分给力，本着不求名次，只愿快乐的小华，以 2:19:23 完赛，榜上有名，荣获赛事年龄组第八！

这是我们 2020 年唯一实地进行的马拉松。感谢天气完美给力，感谢跑友不离不弃，感谢陪跑和摄影师尽心尽力。我们的心满意足感都写在无言的镜头里，留下了珍贵的记录。

玉米地里的伦敦马

虽然实地马拉松停摆，我们失去许多赛事，但各种超越自我的事情也都在发生。

跑步的原因有很多。小美女石颖是那种为了健康而跑步的人。虽然跑步 10 多年，她却一直坚决不跑马拉松，因为她认为马拉松超越了自身极限，会对身体造成伤害。这当然是一个响当当的借口——不需要为跑马不跑马而烦恼，也不用担心参赛喧闹紧张的气氛给自己带来的额外压力。8 月，世界上最难报上名的伦敦马拉松终于向全世界马拉松爱好者抛出橄榄枝，伦敦马宣布虚拟（virtual）进行。魔幻的 2020 让超越极限的事情发生了。Zionsville 跑群分舵向跑友们发出“快乐伦敦马”的邀请。在家门口跑伦敦马，省了机票旅馆钱，而且本地 Rail trail（铁路步道：由旧铁路改建成的步道），位置极佳，对面有麦当劳，隔壁是星巴克，完全可以左手一只鸡腿，右手一杯咖啡，快快乐乐地跑个马拉松啊。有理由不报名吗？连石颖也报名参赛啦！

印跑团的专用摄影师韩教授，以前马拉松对他来说就是走走路、看看林中小鸟、给跑者拍拍照，跑马拉松从不在他的雷达可及范围，他很执着地坚持：“不行不行！ 42 公里？不可能！”可这次他竟然也跃跃欲试，报名全程马拉松。

有了目标，我们开始按王天教练给的计划，风雨无阻地每周末在步道上训练。10 月的 Rail Trail，秋意正浓，层林尽染。每次在树林里跑，都觉得是在画境中游。我们享受着大自然的美景，彻底忘记了现实里还有疫情肆虐。临近跑马日，盯着天气预报，一天看几次，期望有个大好天。结果事与愿违，10 月 31 日，伦敦马当日突然降温，凄风冷雨。马拉松在潇潇秋雨中开始，瑟瑟寒风中结束，但我们全部胜利完赛，而且比预计跑得快。感谢陪跑和送温暖的姐妹。月饼当奖牌，叉烧配啤酒，还有暖暖的南瓜粥。不经风雨，何以见彩虹？就像石颖完赛后的感慨："有什么事情是不可能的呢？所有的事情都可以变通，都可以解决。3 小时跑完全马可能会让我猝死赛场，但跑 6 小时我就笑对人生啦！感谢鼓励我、耐心伴跑的跑友，汗水过后有欢笑。"

挡不住的马拉松

波士顿马拉松是历史最为悠久的马拉松比赛，成绩达标才有资格报名，跑界里称为波士顿资格赛（Boston Qualify，简称 BQ）。BQ 是跑步业余爱好者和业余高手的分界线，因此也是业余跑者的追求目标。

印跑团帅哥聂铭洲，为跨越 BQ 门槛，改名勤哥，勤学苦练，数次冲击 BQ，最终成功报名 2020 年的波马。但由于疫情，原定 4 月的波马，延期到 9 月。可是狡猾的病毒只涨不落，波马不得不改为虚拟跑。这就像好不容易高中毕业， 可以放飞去上大学了，结果改为在家网课。勤哥那个失望啊，深深地扎在心里，大大地挂在脸上！

好在虚拟波马依然是官方正式组织的第 124 届波士顿马拉松，选手们可以自己设计路线，自己计时完成。因此，勤哥当仁不让地牵头规划了一条完美的 26.2 英里的路线，以 River Trail 为大本营，设置补给站，还有十几位印跑团成员陪跑作加油后援。

本次虚拟波马正式的参赛选手有聂铭洲、姜虹、侯永浩和王天。另外特别值得一提的是来陪跑的陈玉社。曾经的牌友老陈和体育活动是绝缘的，他当年声称“跑马拉松对我来说是绝对不可能的！半个马拉松也太长，跑跑步锻炼身体可以考虑，跑那么长干嘛呢？”

老陈（前），王天教练（后右三）

但开始慢慢跑起来以后的老陈，仿佛中了跑步的魔咒，上瘾了。尤其在这疫情蔓延的一年，老陈每天天不亮就出门跑步，无论寒冬酷暑，越跑越勇，已变成跑者老陈。包括陪跑虚拟波马在内，老陈 3 个月就跑了 8 场马拉松，并且跑出了个人最好成绩 3:43:18，离 BQ 就差几分钟了。

确实，疫情打破以往的生活节奏，印跑团取消了集体跑，跑友们也没有了传统的实地形式的马拉松比赛。但真正的马拉松爱好者转疫情的“危”为跑步的“机”，利用更多时间训练，找到了一个超越自我的良机。印跑团的刘卓和袁祎在虚拟纽约马拉松上，双双跑进 3:30，刷新了自己的个人最好成绩。

马拉松的大满贯赛事，包括波士顿马拉松、纽约马拉松、伦敦马拉松、柏林马拉松、芝加哥马拉松和东京马拉松。最被跑友们向往的大满贯们，今年也纷纷改成了虚拟比赛。但失望之余，也让很多跑友有了省去旅途奔波和花费就能参加大满贯的机会。除了前文提到的波马和纽马，印跑团的廖燕、Francis 魏、雷志刚、艾敏榕、廖毕荣、程裕功、明文玉、张俊杰、晏良增、王天等人，还跑了虚拟伦敦、虚拟柏林和虚拟芝加哥马拉松等。

结语

为健身也好，为晒朋友圈也行，为追求成绩也罢，跑步已成为我们生活的一部分。不一定非要以跑马拉松为目的，而是把挑战马拉松作为我们享受跑步的一个神圣仪式。

庚子年，注定是不平凡的一年。今年的马拉松与往年不同，有遗憾，但也有惊喜和收获。

让我们奔跑着，微笑着，快乐地踏入新的一年。

★感谢印州华人跑团提供素材和照片。

“抗疫”西行日记（一）

王辉云

8 月 1 日 苏瀑

自今年三月新冠疫情在美国流行以来，已在家禁足数月，沉闷的空气伴随着疫情越来越浓。老这样下去，染不上病毒也能憋出病来。终于憋不住了，决定出来逛逛。

美国中西部的田园风光，恢弘辽阔，充满生机。大豆、玉米、向日葵一望无际，牛群、农舍、谷仓点缀其中。一路向西，心向诗和远方。在乡间公路上，一路狂奔，一路欢笑，心旷神怡。

苏瀑

经过十多个小时的长途旅行，黄昏时分，我们抵达南达科他州的苏瀑（Sioux Falls）。

苏河在这里被乱石拦截，形成多级瀑布，有石上清流，潺潺汩汩，有涌泻飞瀑，震耳欲聋。这里的瀑布虽说没有尼加拉瀑布那种震慑人心的气势，但显得更亲民，因此，前来领略瀑布风光的游人很多。尽管最近美国疫情出现再次飙高的趋势，公园里的游人基本都不戴口罩。

落日的余晖给苏瀑涂上一层金色。徜徉在公园中，久久不愿离去。

8月2日 荒地国家公园

上午离开苏瀑，前往南达科他州西南部的荒地国家公园（Badlands National Park）。这个州的田园风光别具一格。如果说印第安纳的玉米地是小家碧玉的话，那么，这里的庄稼地和大草原绝对称得上波澜壮阔。

荒地国家公园（下图）以其独特的地貌闻名于世。造型奇特的山峰，沟壑纵横的峡谷，引来无数人到此参观朝拜。公园内车水马龙，游人很多。大自然的魔力将这片荒凉的土地打磨得有棱有角，色彩斑斓。这里的山峰和峡谷，由于风和水的侵蚀，展示出不同颜色的沉积层，五彩缤纷，宛若仙境，令人叫绝。

我们随着人流沿着一条崎岖的步道，走到尽头。一路走来，处处风景。其实，走在这条小道上，就仿佛走入画中。

荒地国家公园不仅有斑斓的丹霞地貌，还有广阔的草原，许多野生动物以此为家。为了近距离探访一群美洲野牛，我们走入草原深处。一路上，土拨鼠一个个站起来，好像对我们这些不速之客表示欢迎，唯独一头庞大的美洲野牛，睁大了它那警惕的眼睛。

只有走进它的怀抱，才能体会草原的博大。风吹草低，天高云淡，真乃不虚此行。

8 月 3 日 总统山

上午游览拉什莫尔山，山上刻着华盛顿、杰斐逊、林肯和老罗斯福等四位总统的头像，是美国著名的人物历史景观。

总统山

虽然二十多年前来过这里，却无缘瞻仰这四位总统的尊容。那天，大雾迷漫，总统山关门谢客。我们只好临时改变行程到附近的风洞国家公园（Wind Cave National Park）打发时间。这次来总统山，天高气爽，游人如织，风洞国家公园却因疫情闭门谢客。山还是那座山，人间却发生了巨大变化，世事很难预测！

总统雕像庄严肃穆，高耸入云。据介绍，整个总统雕像群从 1927 年 10 月 4 日开工，到 1941 年 10 月 31 日完成，经历了 14 年。雕刻家博格勒姆（Gutzon Borglum）担任主设计师，直到完工前 7 个多月去世为止。他的儿子，也是该项目的副手接任直至完工。共有 400 多人参与施工，他们在高空进行雕凿，工作既艰难又危险。

今天站在总统山下仰望这一举世闻名的总统群雕时，我由衷地向这一伟大工程的雕塑家表达了自己的敬意。

南达科他人民好像对摩托车情有独钟，骑摩托的或摩托车队不绝于途。今天，在黑山国家公园里，我们路遇一头野牛，它不紧不慢地在路上行走，与我们的车擦肩而过。透过车窗玻璃，我清晰地看到它的眼神，似乎可以用目空一切来形容。

下午参观了附近另一雕像——曾居住此地的原住民拉科塔部落酋长疯马（Crazy Horse）的纪念雕像。虽然这座雕像比拉什莫尔山的总统雕像还大，但尚未全部完成，而且竣工之日可能会遥遥无期。无论如何，我们还是乘车前往参观，并观看了原住民的歌舞表演。

晚上返回拉什莫尔山观看总统山激光表演。表演尚未开始，天气突变，电闪雷鸣，节目取消。板凳还没坐热，只好打道回府。不过，也为今后再来，增加了一个借口。

8 月 4 日 魔鬼塔国家纪念碑

今天继续西行。上午前往怀俄明州东北部的魔鬼塔国家纪念碑（Devils Tower National Monument）公园。车刚开到公园附近，远远便能看到一座擎天石柱在广阔的原野上傲然屹立。

魔鬼塔是印第安人心中的圣地。1906 年，西奥多 · 罗斯福（Theodore Roosevelt）总统宣布这里为美国第一座国家纪念碑。

步入公园，凝视着魔鬼塔，令我肃然起敬。巨大的石柱，像燃烧半截的蜡烛，鬼使神差地来这里落户，使园林弥漫着一股神秘气息。走在环塔步道上，让我想起当年在西藏的转山之旅。难怪印第安人将这里视为“圣地”呢！

魔鬼塔

魔鬼塔也是攀岩者趋之若鹜的风水宝地。由于魔鬼塔独特的地理构造，每年大约有五、六千名登山者来魔鬼塔进行攀岩挑战。我们在步道上欣赏魔鬼塔时，就看到两拨攀岩者正在塔壁上顽强攀爬，衷心祝愿他们取得成功。

傍晚，沿着熊牙观景公路，追随着晚霞，登上蒙大拿州海拔 9190 英尺的富溪观景台（Rick Creek Vista），极目远眺，高山深谷，美景尽收。

8 月 5 日 平头湖

平头（Flathead）湖是蒙大拿州西北部的一个大型天然湖泊，是美国密苏里河以西的最大天然淡水湖。今天的行程是不紧不慢地向冰川国家公园靠拢，因此，我们就顺便到这个湖边来看看。

平头湖是个冰川堰塞湖，有漫长的不规则的湖岸线和十多个小岛，其中最大的名为野马岛。本想乘船上去看看，却没能在附近找到船码头。由于疫情的原因，有些饭馆和经营水上娱乐的店铺都处于关门状态。于是，便在湖边闲逛。今天云淡风轻，湖光山色，令人心旷神怡。惬怀如此，登不登岛又有什么区别呢？

晚上入住的林中小木屋味道浓郁，比住常规的旅店更有度假的感觉。然而，这里的 Wi-Fi 信号很弱，几乎等于没网。不能上网，可以远离尘世的纷扰，静下心来享受假期的宁静。

8 月 6 日 冰川公园

今天游览冰川国家公园（下图）。公园位于蒙大拿州，在和加拿大哥伦比亚省与亚伯达省接壤的落基山脉中，山清水秀。虽然名为冰川国家公园，但在这里几乎见不到冰川，零星的冰盖散落在山峰上，像阳光下的残雪，算是和冰川沾上点儿边。1995 年冰川国家公园被联合国科教文组织列为世界自然遗产。

夏天是这里的旅游旺季，为了避免找不到停车位，我们今天起了一个大早儿，进入公园后直奔广为人知的奔日大路（Going-to-the-Sun Road）。近五十英里的盘山路上，山环水绕，景色非

凡。在这条号称世界上风景最为优美的公路之一的路上，翻山越岭，有一种找不着北的感觉。不多时，便到了令人向往的野鹅岛(Wild Goose Island)。小岛像一颗璀璨的珍珠镶嵌在宁静的圣玛丽湖（St. Mary Lake）中。站在湖畔观赏小岛，久久不愿离去。

冰川国家公园的夏天，郁郁葱葱。满山遍野的野花，五彩缤纷。尽管冰川已成残雪，这个公园仍不失为美西的旅游圣地。与其他国家公园相比，这里的景观更加绚丽多姿。这里山高，林密，水清，还有皑皑白雪。丰富的景色变化万千，是避暑和户外运动的不二之选。

玛丽瀑布

通往圣玛丽瀑布的步道在密林中蜿蜒伸展，我们沿着步道走了没多久，便听到瀑布的咆哮之声，雾气迎面而来。瀑布前的木桥上，一群女大学生身穿游泳衣，正在玩跳水。山青，水秀，人美，引来游人纷纷拍照。

欣赏完美女跳水，我们在路上巧遇棕熊。据说，在这里看到熊是幸运的。我想，可能是人多的缘故，人类活动的范围越来越大，而动物不得不躲进深山更深处。在这个世界上，人和动物能否和谐相处，似乎越来越成问题。我们的运气真的挺好，在惊险的洛根通道(Logan Pass)上，一只山羊从容地跳到我们跟前，让我们尽情拍照。但愿今后几天在冰川国家公园能有更多的惊喜。

8 月 7 日

冰川国家公园的一大特点是有许多精心修建的山间步道(trail)。沿着这些山间小路，您能登上山巅，下到谷底，钻进密林，徜徉湖畔，投入大自然的怀抱，体验与天地合一的乐趣。

高加索道

我们在冰川国家公园的几天里，走了几条著名的步道，高架索道（Highline Trail，下图）的险峻雄伟尤其令人难忘。有些步道因狗熊和疫情的原因而关闭，小有遗憾。

冰川国家公园的另一个特点就是水多。这里的湖泊像一块块晶莹剔透的碧玉，散落在大山之中，使整个公园平添风彩。我们入住的小木屋就位于公园里面积最大的麦当劳湖畔。黄昏时分，在湖边散步。湖水似镜，映出叠翠山峦，晚霞如虹，撒下斑斓倒影。人在湖边走，宛若画中游。

8 月 8 日

冰川国家公园的夏天总是人满为患。虽然今年疫情泛滥，公园内的游船及一些步道被关闭，但人们游山玩水的热情不减。可能是与我们对抗疫持相同看法的大有人在，公园里登山的，骑车的，野营的游人之多，就好像疫情不存在一样。

公园里奔日大道附近的著名景点人气爆棚，连停车都很困难。为了避开人群，我们今天前往公园西北部的僻静地区。这里紧邻加拿大边境，据说游人较少，然风景奇佳。

反正是游山玩水，又有疫情，去这种地方当然是最好的选择。于是，我们今天便朝着加拿大边境方向轻松前进了。经过九曲十八弯的林间土路，终于来到波曼湖（Bowman Lake），却发现油箱里的汽油已经不多了。大家都有些担心汽车会困在半路回不了家。刚到停车场，我们的领队便向停在旁边的一位卡车司机求助，人家二话没说，从车上拿下一桶自己储备的汽油全都灌进我们的油箱。当我们要付钱给他并表示感谢时，他却坚辞不受。並告诉我们，如非要感谢他的话，不如去帮助那些更需要帮助的人。

这就是美国普通的老百姓！

8 月 9 日 黄石公园

今天告别冰川国家公园。简单收拾好行李，便上了路。这几天在冰川公园一直上不了网，直到在前往黄石公园途中的一个小镇午餐，手机才有了信号。打开微信一看，感觉“国际国内形势一片大好”，大有“山中才数日，世上已千年”的感慨。

我们这一众驴友，都是比较关心时事的人，因而，对网络的依赖程度就比较高。由于保护自然环境的原因，美国的国家公园大都很少有商店和网络。因此，为了欣赏自然风光，就必须暂时牺牲互联网给您带来的便益。

进入黄石公园后，直奔老忠实间歇泉（Old Faithful）。老忠实喷泉是黄石最有名的景观。它每隔大约 90 分钟喷发一次， 200 年来始终如一地有规律喷发，从不叫人失望，故名“老忠实”。

我们走到老忠实喷泉时，周围已坐满了观众。估计等不了多时就能喷发。果不其然，也就等了十几分钟，就见老忠实喷薄而出，有一柱冲天之势。在阳光辉映下，蔚为壮观。二十多年前，我们也曾在此观看过老忠实喷发的震撼场面。

寻找下榻旅店的路上，忽见彩霞满天，映照在黄石湖面。黄石的色彩令人心旌摇荡！

老忠实间歇喷泉

8 月 10 日

黄石公园面积巨大，优化行程是必须的。我们虽然住在公园内，但时间有限，要多看些景点就要合理安排游览路线。

黄石是世界上规模最大的温泉集中地，形态各异的温泉以各种形式分布在公园的各个角落，形成独特的温泉奇观。因此，观看这里的温泉就成了我们的首选。

住入黄石公园的第二天，我们从黄石湖的居住地由近及远地游览了西拇指间歇泉盆地（West Thumb Geyser Basin）、老忠实喷泉和上下间歇泉盆地。在黄石，再怎么走马，想“一日看遍长安花”也是做不到的。

西拇指濒临黄石湖，地理位置极佳。这里的温泉不但形式多

牵牛花温泉 (Morning Glory Poll)

大棱镜 (Grand Prismatic)

样，色彩丰富，而且有些喷泉的泉眼就在湖中。有一泉眼，形似火锅，锅沿高出湖面，锅内泉水沸腾。据说，以前的渔民在黄石湖抓到鱼后直接放入锅中就能煮熟。这种鬼斧神工的景观要是在中国，早就有了许多神话传说，不是太上老君在此"涮锅"，就是王母娘娘来此"吟诗赏月"了。但美国的自然景观，大都缺少这种人文色彩。

再度前往"老忠实"为的是观看附近的牵牛花温泉。牵牛花温泉位于上间歇泉盆地(Upper Geyser Basin)。这里温泉众多，唯牵牛花的清新淡雅，显得与众不同，就凭这一点，甭管走多远，也要看看它的尊容。果不其然，这个名为牵牛花的温泉比花还美，尽管多走些路，但绝对值得。

大棱镜是美国最大的温泉，也是世界第三大温泉。和二十多年前相比，大棱镜显得更加艳丽，这是因为山坡上新建了一座观景台，可以爬到观景台上居高临下地看大棱镜的全景。站在观景台上，大棱镜像上帝手中的调色盘，赤橙黄绿青蓝紫，美得令人窒息。

下间歇泉盆地（Lower Geyser Basin）的温泉也很有特色，与其他雄伟壮观晶莹剔透的温泉相比，这里的温泉都很难称之为泉，很多泉眼冒出来的不是清水，而是粘稠的泥浆。最有代表性的是彩锅喷泉（Fountain Paint Pot），喷出的是高温彩色的泥浆，有画家调色板的美誉。

几处温泉逛下来，一看手机，一天走了两万多步。游山逛水还真不是等闲的差事！

8月11日

黄石大峡谷有两个瀑布，上段瀑布（Upper Falls）在山谷中一泻千里，如万马奔腾，气象非凡。走近瀑布，但见白练当空，飞流直下，聆听着大自然的欢歌，气爽心清。蒸腾的雾气中，艳阳高照，一道彩虹，为瀑布平添风彩。

下段瀑布（Lower Falls）更为壮观。V形峡谷，像一幅山水佳作，浓墨重彩，气势磅礴。沿着大峡谷的步道拾级而下，便可抵达瀑布的最佳观赏点"艺术家之角"（Artist Point）。在黄石、绿树、白云、蓝天的映衬下，黄石河奔腾呼啸，气冲霄汉。如不亲临其境，很难感受到那种心灵的震撼和大自然的美感。

猛犸热泉（Mammoth Hot Spring）位于公园西北部，以石灰岩台阶著称，有的台阶洁白似玉，有的台阶绚丽多彩。然而，这里的石灰岩质地较软，地下的热水很容易将之熔化。因此，这些色彩斑斓的台阶也在不断的改变自己的容颜。与我20多年前来这里时的印象不同的是，附近的服务区俨然变成了一个人多车多的小镇。

猛犸热泉

诺里斯间歇喷泉盆地（Norris Geyser Basin），位于公园西侧，是公园里最热、最活跃、也最不稳定的系列间歇泉，其中的汽船（Steamboat）号称是世界上最高的间歇喷泉。

可惜的是，我们在那里等了很久，也没任何动静，再等下去，不知要等到猴年马月。于是，在诺里斯盆地北区的瓷泉（Porcelain）徒步一圈，打道回府。尽管没能看到汽船的喷发，但还是足够幸运，返回旅店的路上再次与美洲野牛擦肩而过。

8月12日大提顿国家公园

大提顿国家公园（Grand Teton National Park）紧挨着黄石公园，面积虽不如黄石大，却享有“最秀丽的国家公园”的称号，因为它浓缩了整条洛矶山脉的景致。

大提顿国家公园以七座雪峰闻名于世，峰顶积雪，千年不化。七峰摩肩，挺拔险峻，气势非凡中透出亘古不变的宁静之美。

我们一进公园，还以为这里比黄石公园人少，没曾想到，珍尼湖（Jenny Lake）的停车场已车满为患。由于园中热门景点信

大提顿国家公园

号山的盘山路也关闭了，我们便前往公园南门外的百年谷仓。

当年，三十多家摩门教徒曾在此定居，至今，还有几家的老屋和一座谷仓保留在这里，向游人诉说大提顿山区的历史传承。

下午重返珍尼湖，依然游人如织。出人意料的是，珍尼湖渡轮并未因疫情而关闭，只不过每艘船的乘客减半，以保持社交距离。乘船抵达提顿山脚下，沿着步道登山。一路上，茂密的森林，奔腾的瀑布，湖光山色，美不胜收。我们最终登上 Inspiration Point 观景台。登高望远，风光无限。

当晚入住大提顿公园附近的杰克逊洞（Jackson Hole）小镇。小镇充满西部风情，温馨舒适，且还有一家中餐馆开张营业，这在疫情之中，实属难得。

8 月 13 日 归途

度假的时光总是过得很快，游山玩水的好日子还没过够，就到了回家的时候。

回程途中，在怀俄明州的高速路边见一石山，在广袤的草原上突兀而起，原来是一个州立公园。于是，调转车头，开进公园。

公园地貌奇特，聚石成山，或巍然屹立，或危如累卵。石缝之中，聚木成林。一条步道，环山而建，名为乌龟石径（Turtle Rock）。徜徉其中，其乐无穷。

8 月 14 日

内布拉斯加州（Nebraska）有两个国家纪念碑公园，一是位于北普拉特河畔的史考特断崖（Scotts Bluff），一是烟囱岩（Chimney Rock）。因为顺路，我们分别游览了这两处具有历史意义的自然景观。

登上史考特断崖，隐约看到普拉特河蜿蜒流过，古道旁的大篷车队，再现了美国历史上长达一个多世纪的西进运动（Westward Movement）场景，早期开拓者、皮货商、淘金者、印第安人、摩门教徒都在此留下了他们的足迹。

烟囱岩在十九世纪中期成为成千上万向西旅行者的灯塔。可惜的是，由于疫情的关系，我们未能进入公园，只能遥望它的身影，想象着古往今来的旅行者从它身边走过。

烟囱岩

历史的脚步匆匆而过，我们这次的西部旅行也见证了历史。

“抗疫”西行日记（二）

王辉云

10月6日 启程

在家待久了就特想出门。

终于盼来了出发的日子，乘机前往德克萨斯州的边境城市埃尔帕索（El Paso）。这是疫情爆发后首次乘机旅行。准时赶到印第安纳波利斯机场，看到机场内冷冷清清，很多商店餐馆都闭门谢客，即使开门的店铺也是门可罗雀。疫情的阴霾依然笼罩着整个机场，几乎所有步履匆匆的旅客都戴着口罩。

可能很多人像我们一样，在家憋了好几个月，无论如何想出来转转。我们所乘的航班接近客满。保持社交距离是无法做到了。但人人都被要求戴上口罩才能登机。为了保险起见，除了口罩，我们还戴上了护目镜和透明塑料面罩，看起来挺滑稽的。

埃尔帕索是我们这次西部之行的第一站，办好租车手续出了机场已是万家灯火。中西部的秋意已然很浓，上午出门时还凉风飒飒，但这里却还保持着夏季的高温。取完车直奔城里，想先看看这座城的夜景。

从飞机上看，这个城市面积不小。其实，脚底下居然是两个国家的两个城市，即德克萨斯州的埃尔帕索和墨西哥的华雷斯（Ciudad de Juarez）。两座城由一条河隔开，但从空中看下来是浑然一体的。和美国其他城市一样，埃尔帕索的夜晚也是车水马龙，路边店铺密集，霓虹灯闪烁着掩盖不住的繁华。驱车来到半山腰的观景台，人还挺多，大多是当地人，尤其以年轻人为主。华雷斯那边呢，显得朦胧梦幻，让人感到扑朔迷离。

自川普总统上台后，埃尔帕索常出现在新闻报道中。他倡议建造的边境墙首先在加州的圣地亚哥和这个城市开工。据说边境墙已建起了一段，明天到城里逛街的时候一定过去看看。

10 月 7 日 埃尔帕索、白沙公园

我们在埃尔帕索下榻的旅店就在德克萨斯州大学埃尔帕索分校边上。每到一个新地方，我都喜欢逛逛大学校园，因为美国大学校园都很有特色，而且漂亮。既然住在大学校园边上，到校园里转转就很自然地成了我们去看边境墙之前的节目了。

德克萨斯州大学埃尔帕索校园， 摄影 回玉华

德克萨斯州大学在美国大学中的排名不是很靠前，但埃尔帕索校园的建筑却别具一格，很多建筑都有西藏特色。疑惑之

间，恰好遇到一名警察，一打听，其中一座建筑还真是藏传佛教的寺庙。

上网一查，才得知这位警察叔叔的介绍并非那么准确。确切地说，埃尔帕索校园是不丹式建筑风格。这个学校怎么会和不丹扯上关系呢？原来，这所大学刚成立两年，就遭遇火灾，校园毁于一旦。灾后重建校园时，学校当局采纳了首任校长史蒂夫·渥瑞（Steve H. Worrell）的夫人的建议，按照1914年四月那期的国家地理杂志上刊登的一幅不丹建筑的图片来设计新的校园。渥瑞夫人认为不丹的地貌和埃尔帕索地形很相似，把国家地理杂志上的漂亮照片变成埃尔帕索的美丽校园，将是一件无比美妙的事情。

学校请来埃尔帕索建筑师 Henry Trost 按照不丹建筑风格设计了早期校园的建筑，从此，校园所有建筑都按照这个风格设计。2008年，不丹国王 Jigme Khesar Namgyel Wangchuck 陛下还给这所大学捐了一座精美的藏传佛教寺庙，使校园内喜马拉雅气息变得更加浓烈。

离开校园后，去城里闲逛。当然，我最想看的还是川普总统上台后在这里建的边境墙。

在街上转转你就能切身感觉到埃尔帕索丰富而悠久的历史。这里曾经是美洲原住民、西班牙传教士活动的地区。高楼大厦之间，一些街区还保留着早年间的风貌，几座天主教堂，看起来都有几百年的历史了，依然挺立在玻璃大楼的夹缝中坚守着历史的传承。街上的行人，百分之八十以上都是拉美裔，包括那些边防巡逻的警察。这里的风土人情，流传的故事，一定很有魅力。对于我们这些来自玉米地的人来说，走在街上的感觉，就像出了一趟国。

站在大学校园的坡地上就能看到华雷斯那边的街景，与美国这边的差距一目了然。其实，华雷斯和埃尔帕索在美墨战争前是一个城市。在1848年的美墨战争中，墨西哥战败，不得不割让北部领土给美国。于是，流经城中的格兰德河就成了两国的界河，这座城市也被一分为二。然而，天不作美，格兰德河在汛期常常改道，造成两国边境模糊，于是，便常常产生边界争端。后来，两国政府通过谈判，于1963年签署了边境条约，最终解决了边界争议问题。

根据这个条约，美国将大部分有争议的土地归还给墨西哥后，还与墨西哥在格兰德河里共同建了一段混凝土通道作为固定的边界线。两国还分别在边界建立纪念馆，纪念边界争端得到和平解决。美国这边的就是Chamizal国家纪念公园。我们沿着边境的高速公路没开多远，便来到了这个公园。园内绿草茵茵，游人寥寥。由于疫情，纪念馆大门紧闭。但站在纪念馆外的草坪上，就能看到一段边境墙，高大雄伟。

据说华雷斯的贩毒和暴力犯罪在墨西哥名声远扬。这里还是非法移民进入美国的一个重要地点，怪不得川普总统把建边境墙选在了加州的圣地亚哥和这里呢！我一直觉得在边境建墙是个笑话。当然，建墙的人不会这么想。今天看到的边境墙的确难以翻越，肯定会给企图越境的人增加困难。从人人生而平等，都有追求幸福权利的角度来看，阻止人们越境追求幸福与这个理念背道而驰；可从民族国家的现实角度来看，建墙似乎又是必需的。理想与现实的碰撞，在这道墙面前显得更加明显。

因为是白天，能够比较清晰地看到墙那边华雷斯的破败景象。一片片低矮的房子拥挤在一起，说是贫民窟绝不为过。贫穷必然会驱赶着人们涌向经济发达的美国。为了阻挡这些人，川普总统在上次竞选时就提出建边境墙。虽然对不少总统候选人竞选时提出的口号都不能太当真，但谁曾想到，川普当上总统后还真把墙给建起来了。

埃尔帕索号称全美最安全的城市之一，这可能与全美最大的陆军基地驻扎在此有关。由于导航失误，我们在去白沙国家公园的路上，竟误打误撞地把车开到了这个军事基地。被门卫拦下后，人家并没有把我们当成国际间谍，反倒不厌其烦地给我们讲解去白沙公园应走哪条路，还安慰我们说他经常遇到像我们这样走错路的游人。看来，都是导航地图惹的祸。

白沙国家公园位于美国新墨西哥州，Chihuhuan 沙漠的最北部的 Tularosa 盆地，是世界上最著名的自然奇观之一，也是我们这次抗疫之行最重要的景点之一。

白沙公园与白沙导弹测试基地（White Sands Missile Range）相邻。世界上第一颗原子弹（Trinity）就是在白沙导弹试验场爆炸成功的。由于最近台海形势紧张，导弹成了热门话题，更由于前些年去了趟青海金银滩的中国原子弹研制基地，也想比较一下两国第一颗原子弹试验场地的异同，我就想在进入白沙公园前先参观这个导弹测试基地。尽管我们一众驴友中没有一个军迷，但大家一致同意，这是个好主意。

导航这次终于准确无误地把我们带到了白沙导弹基地的正门。然而，因为疫情，基地关闭，谢绝参观。

带着些许惆怅，离开导弹基地，不一会儿，便进了白沙公园的大门。园内景象绝对令人震惊，好像刚从干旱的荒漠突然闯进一个雪霁初晴的公园，铲过雪的柏油路面雪迹犹存，好一个冰雪世界！似雪非雪，就是白沙公园的魅力。见此美景，大家赶紧下车拍照，车外仍然骄阳似火。极目远望，蓝天白沙，高远纯净，童话般的景色，特别迷人。于是，心情大好。

白沙公园是目前全球唯一由白石膏风化所形成的白色沙漠，景色与我曾走过的撒哈拉、腾格里等沙漠，以及宁夏沙湖、敦煌月牙泉等地完全不同，砂砾不仅颜色洁白，而且颗粒更为细密，赤着脚在沙丘上漫步，心旷神怡，骄阳暴晒下的白沙，却不烫脚，令人称奇。环顾四周，一望无际的白色沙丘跌宕起伏，深远辽阔，营造出一种神秘气氛。置身其中，感受最深的就是大自然的奇妙。

白沙公园

傍晚时分，夕阳西下，耀眼的白色沙漠变得柔和很多，晚霞把天空涂抹成五颜六色，真乃白沙魅力现，夕阳落日时。此刻的白沙公园，绝对是个梦幻世界！

10 月 8 日 天空之城

今天计划去天空之城（Acoma Pueblo Sky City）。在前往天空之城的路上，有个世界闻名的景点，就是甚大天线阵（Very Large Array，缩写为 VLA）。从地图上看，去这个景点，离开高速路还要一个多小时的车程。

甚大天线阵是一组射电天文望远镜，属于国家射电天文台

（National Radio Astronomy Observatory, NRAO）。这组望远镜共有 27 台，每台的口径为 25 米，分布在一个“Y”型的轨道上，其中每条轨道长 21 公里，望远镜可以在轨道上移动组成不同大小的阵列。天文学家已经用甚大天线阵做出了一系列重大发现。甚大天线阵曾在《威震太阳神》、《接触未来》等多部影视作品中出现过，场景非常科幻。就冲这，去现场看看也是值得的。

甚大天线

果然不出所料，甚大天线阵也由于疫情原因处于关闭状态，也就是说，它的展览馆及参观活动都停止了，只有一些维修设备的工人还在坚守岗位。其实，到这种地方参观，即使不能进去，开车在外面转转，仍然能够感受到天线阵的宏伟规模给人的巨大震撼。

下午我们到达了天空之城，一个美洲原住民村庄。

在网上曾看过这个村庄的介绍和照片。村庄建造在 120 米高的山顶上，属于印第安人阿克玛族的部落，有 1100 多年的历史。当年，原住民把村子建在山顶，无疑是为了御敌，但在西班牙殖民者先进的武器面前，这座空中之城也难逃被征服的命运。

现在，部落中大部分住户都已搬离，仅有十几户人家还坚守在这个没水没电的原始村落。

我对参观这个古老的村落，充满期待。然而，尚未到达村头，我们的车就被一辆警车截停。原来，为了防疫，天空之城已禁止外来游客入内。尽管我们要求只在山下看一眼，都未得到允许，只好原路返回。警车一路护送我们离开路口，进入高速公路才掉头离去。

阿尔伯克基市老城区

最后，带着无奈和惋惜，我们提前来到今晚下榻的阿尔伯克基市（Albuquerque），直奔老城区逛街。老城区是一个典型的西班牙式布局：两座老教堂，面对着一个绿地广场，中间一个八角亭，还架着两门铜炮。广场周围狭窄的街道和百年的土坯房弥漫着异域风情。鳞次栉比的小商店、小饭馆遍布街巷，出售珠宝、地毯和陶器的小型手工艺品商店色彩斑斓，弥漫着艺术气息。然而，绝大多数的店铺都门可罗雀。由此可见，疫情对这里的旅游业的伤害是相当严重的。

阿尔伯克基是一座以热气球闻名的城市。每年10月初这里都举办著名的国际热气球节(International Balloon Fiesta),但今年的热气球节也因为疫情被取消了。

10月9日 荒地公园

新墨西哥州看起来荒凉,但其高科技产业在全美领先,据说博士、作家、艺术家占人口总数的比例高居全美第一。如此看来,这个州的高等教育也应该差不了。由于我们下榻的旅店就在新墨西哥大学(The University of New Mexico)附近,于是,我们便把参观校园放在今天的优先位置。

当年朗平退役后出国留学,上的就是这所大学,并在此获得体育管理硕士学位。校园很大,占了几条街,教学楼和学生宿舍都透露着现代气息。疫情期间,大多数学生在上网课,校园的学生很少,显得安静祥和。我们特意找到了郎平在这里上学时的卫生运动和体育科学系的建筑。一只青铜孤狼昂首挺立于门外,不知当年在此求学的郎平是否还记得这座雕像?

新墨西哥大学校园

下午抵达必死台(Bisti-De-Na-Zin)。Bisti在纳瓦霍语的意思是“土坯”,De-Na-Zin则是古纳瓦霍人在附近凿的岩画“鹤”。Bisti,据说是印第安语的Bistahí,最后的音节不是通常英语发音的“提”或者“迪”，而是读“台”。于是，有网友将之翻译成必死台，不但读音相似，还情景交融，显得非常贴切。

必死台的位置在新墨西哥州西北角圣胡安盆地（San Juan Basin）荒漠的戈壁滩上。在这片远离现代文明的野僻之地上，沟壑纵横，怪石嶙峋，展现出一派地质奇观，状似“火星表面”。奇形怪状的岩石，构成栩栩如生的物体，均为自然天成；色彩斑斓的岩层，绘出惟妙惟肖的画面，真乃出神入化。称之谓地质奇观，绝不为过。

必死台

这个荒地公园有两个入口，我们见到一个入口就迫不及待地走了进去，沿着干枯的河床，去寻找那些在驴友中疯传的“恐龙蛋”和石蘑菇。进到里面才发现，这里的地形极其复杂。山虽不高，但在山谷里走着走着，便峰回路转，让你无路可走。

舰船岩

这里有的砂岩层面目狰狞，看一眼就能产生令人恐怖的效果。路上遇到俩中国女留学生，她们没走多远，就不敢往里走了。幸好与我们相遇，大家一起走，彼此壮胆。

这里景色虽美，但公园设施几近于无。园内没有任何路标，极易迷路。我们在公园连续走了两万多步，在天黑之前，仍未找到那些带着花纹的"恐龙蛋"，却让我们体验了一把洪荒年代的感觉。

10 月 10 日 化石林国家公园

上午前往位于新墨西哥州的舰船岩（Ship Rock）。这座兀然屹立在一片广阔平原上的陡峭山峰是当地纳瓦霍族原住民心目中的神山。我对民间传说中的神山，一直都很敬畏。还未下高速公路，舰船岩的身影老远便出现在眼前。这座神山的伟岸，绝对是鹤立鸡群。下了高速，经过一段颠簸的土路，仍然无法近前。土路在一个土坡前骤然而止，近在眼前的神山，在辽阔的平原衬托下，拔地而起，气势磅礴，令人心灵震撼。

据说，像怀俄明州东北部的魔鬼塔一样，这座山峰也是攀岩者趋之若鹜的风水宝地。每年都有攀岩达人前来挑战他们心目中的神峰。

下午游览亚利桑那州的化石林国家公园(Petrified Forest National Park)。这个国家公园是世界上最大的化石林聚集地。难以计数的树化石或成片倒卧在山坡，或零星散落于河床。在公园的各个角落，都能看到树化石的身影。这些石化的树木年轮清晰、纹理明显。有棵参天大树，至今还横卧在沟壑之上，宛若桥梁。有些树干，似被电锯切割，整齐地摆在地上。亿万年的风风雨雨，将这片树林羽化成仙，大自然的魔力，超乎想象。

化石林公园的规划设计堪称一流。园内一条28英里长的公路把北门到南门的众多景点连接起来，如彩色沙漠、印第安废墟、66号公路遗迹和古代印第安人石刻岩画等景点，开车一个个看，很方便。有的景点修建了步道，在步道上转转会有很多收获。我们走过的被称为“蓝色台地”(Blue Mesa)的步道景色奇佳，蓝紫色的山丘高矮起伏，营造出一种身临外星球的奇异梦幻的色调，令人回味无穷。

化石林公园

据介绍，化石林国家公园于1906年12月8日经由当时的美国总统西奥多·罗斯福(Theodore Roosevelt)宣布成立为美国国家保护区（National Monument），这在当时是美国的第二个国家保护区。美国国会在1962年12月9日通过投票，决定将其升格为国家公园。

山区落日匆忙，刚出公园不久，夜幕就已降临，只好摸黑赶往塞多纳(Sedona, AZ),失去欣赏路边美景的机会,甚为可惜。

塞多纳是个旅游小镇,曾被主要的旅游杂志评为全美国最美丽的地方,也多次被国家地理杂志评为最适宜居住的小镇。一进这个小镇,就能感觉到它的不同凡响,街上灯红酒绿,餐馆酒吧熙熙攘攘。办好入住手续后,我们急不可待地出门逛街,融入欢乐的人群。

美酒飘香,音乐在街巷流淌,小镇的夜景令人难忘。

红岩小镇赛多纳

10 月 11 日 塞多纳

据说,塞多纳是个能量城,宇宙能量在这里形成"能量漩涡"(Energy Vortexes)后得到加强,从而产生某种医疗效果。这也是它吸引人的原因之一。这种说法正确与否,我也不得而知。但有一点是肯定的,小城的风水很好,因而,人气极高。

塞多纳最吸引人的就是其独特的红砂岩山峰,形状各异,令人浮想联翩。在太阳刚刚升起时，色彩更加鲜艳，如诗如画。因为计划在这个小镇只逗留两天，所以只能侧重点游览。

早就有朋友跟我说，到了赛多纳，一定要去圣十字架教堂看看。今天一出门，直奔这个教堂。

在一座雄伟的红岩山上，一个小教堂孤零零地镶嵌在石缝中间，这便是被人们誉为亚利桑那州最美建筑物之一的圣十字架教堂（Chapel of the Holy Cross）。我们到那里时，教堂尚未开门，在门外早已挤满了等候参观的游人，足见其受欢迎的程度。

圣十字架教堂

教堂很小，却很精致，简约的线条，柔和的灯光，优雅的音乐，摇曳的蜡烛，气氛能让人心灵得到安静，感受到宗教的慰藉。

这座教堂是女建筑师马格瑞特（Marguerite）的杰作。据说，她为了建一座以十字架为骨架的教堂，走遍千山万水，直到见到赛多纳的红岩，才了了她的心愿。这座教堂于 1956 动工，用了 18 个月建成。为了保护环境，整个工程没使用炸药。这种施工方式就令人肃然起敬。

参观完圣十字架教堂，我们按图索骥，一一观赏了钟岩、法庭岩、教堂岩等地标后，前往塞多纳著名景点魔鬼桥（Devil's Bridge Trailhead）。这个“桥”是一座天然大桥，被列为世界上最恐怖的 20 座大桥之一。

要登上魔鬼桥，需要走一段山路，部分地段比较难走，需要手脚並用，可谓名副其实的爬山。尽管如此，颤颤悠悠地走上桥面时，多少还是获得了一种挑战成功的喜悦。

今天来魔鬼桥的人很多，登桥需要排队。排队等候登桥时，一对年轻人上演了魔鬼桥上求婚的桥段，引来人们的欢呼和祝福，小姑娘喜极而泣，场面令人感动。

11 月 12 日 图森

赛多纳的街上雕塑多，画廊多。这座只有一万多人的小镇，聚居着很多艺术家，他们的绘画和雕刻作品融汇了土著印地安人、墨西哥人、西班牙人及美国本土的艺术风格，成就了独特的西部艺术。镇上遍布艺术画廊，每年都有专门的艺术作品展示节，使这里成为一座艺术之城。

上午告别红岩山谷中的小镇塞多纳，一路南下，中午便抵达亚利桑那州的第二大城市图森（Tucson）。这里的航空航天博物馆(The Pima Air & Space Museum)是世界上最大的航空博物馆之一，藏有各类飞机 300 余架以及十二万余件相关物品。不仅如此，博物馆还包括一个世界闻名的“飞机坟场”，即戴维斯 · 蒙森空军基地（Davis-Monthan Air Force Base）。这个基地停有超过 1300 个型号共 1.2 万架退役飞机和 3000 枚左右的导弹。几乎所有美国制造的军机

PIMA 航空航天博物馆

都能在这里看到。既然来了图森，参观这家飞机坟场便成了我们的首选。

到了购票处才得知，又是因为疫情，飞机坟场这部分暂停对公众开放。因此，我们只能进入博物馆内参观。

这家博物馆收藏的飞机比起俄亥俄州代顿空军博物馆的收藏应该说是略逊一筹，但也都很有价值，如世界上第一架波音777客机，世界上第二架波音787客机，肯尼迪总统时期的空军一号，以及多架在美国空军发展历史上产生重大影响的各种型号的军机均在此展示。

另一个在图森想看的地方当然是亚历桑纳大学。这所大学是方励之教授生前任教的学校。方教授是中国大陆八十年代思想启蒙运动中的风云人物。与方教授虽仅数面之缘，但一直想看看他晚年工作生活过的学校。今天来到这里，也算满足了我的一个心愿。

亚利桑那大学校园堪称惊艳。校园内的棕榈大道比斯坦福大学和台湾大学的显得更有气势。徜徉在林荫道下，触景生情，不禁想起求学的年代。不一会儿，来到学校的体育场。草坪上，一群大学生正在排练节目，啦啦队员动作优美，铜管乐队号声嘹亮。看到他们，顿生羡慕之情。

巨型仙人掌是亚利桑那州的标志。来到图森，当然要去仙人掌国家公园（Saguaro National Park）。可能也是由于疫情的原因，我们来到公园时，游客服务中心和沙漠

亚利桑那大学校园

仙人掌国家公园

博物馆均已关闭，但公园可以自由出入。园中各种形态的仙人掌和沙漠植物让人大开眼界，尤其是巨人柱仙人掌，漫山遍野，蔚然成林。这种植被，在其他地方是难得一见的。当落日的余晖为仙人掌镀上金装，一幅沙漠植物王国的美丽图画永远定格心中。

10 月 13 日 凤凰城

凤凰城（Phoenix）是我们这次抗疫西行之旅的最后一站。

昨晚到达市中心旅店时，感觉这个城市规模很大。上网一查，原来它是全美第五大城市，而且是最大的州府。由于这个城市在上世纪末和本世纪初发展迅速，所以，城市建筑显得比较时髦。

早晨在凤凰城市中心逛街，冷冷清清。如果不是疫情，这里应该和各地的大城市一样，熙熙攘攘，充满活力。平常活跃在市中心的白领们，现在都家上班，街上的商店索性都关门大吉。疫情的阴影无处不在。

“抗疫”西行，收获颇多。新墨西哥和亚利桑那，好山好水好阳光，除了游山玩水，我们一行驴友，都被晒成了“红脖子”。

凤凰城

本文经作者允许，摘自《老王游记》

我的 2020——哥村农家乐

蒋本瑜

作者简介 插过两年队，当过 7 年工人，1977 年考入西安医学院。1989 年赴英国利兹大学医学院学习，获 PhD，后在英国多家医院从事心血管疾病临床研究工作。三年前从伦敦圣汤玛仕医院退休来美，现居印州哥伦布市。

2020 年马上就要过去，这是让人非常难忘的一年。我们这代人没有经过战争，但我真想说，2020 年就是一个没有硝烟的战乱年，也是完全出乎意料的一年。

还清楚记得 2019 年的跨年夜。但今年那些精心安排的计划，刻意营造的惊喜，我们期待的家里的数个重要的活动……全部无法实现了。都说 2020 年漫长，坐在家里数着日子一天天过，又觉得日子过得飞快，转眼就又到跨年夜。

年初为武汉的疫情揪心，毕竟我们是有武汉情节的，先生曾外派到那里工作五年有余。在那里也有我合作项目的同事，学生和朋友。那时我无论如何也想不到这个病毒会传遍全世界，把几十亿人带进这看不到头的至暗时刻。

无论是一线的医护还是家居主妇，无论是长者还是孩子，无论是刻意的还是被动的，疫情的发生和蔓延改变了每一个人的生活。在漫长的九个半月的日子里，在家工作，学校停课，无法外出旅游，原本热闹的社交活动戛然而止……人们把目光集中在自家的院子里。正值早春，一时间 DIY 商店的 garden center 一苗难求，花种菜种售罄。种花种菜成了疫情下的新时尚。在家上班的人们第一次发现自家的院子是如此美丽动人，花丛中飞舞的蜂鸟，树梢上蹦跳的松鼠……大自然的魅力一扫疫情的阴霾，给我们生活带来了光明。

三年前随先生工作变动从伦敦郊区迁移到美国。所在的印地安那是个农业大州，夏季阳光灿烂，雨量充沛，完全不同于阴冷少阳的英国。前房主留了块十多平米的菜地。几年来也种过一些买不到的中国蔬菜。然而由于每年都会外出旅游几次，菜地难免疏于管理。今年的出行计划无法实现，整个蔬菜生长季只能宅家，对菜地的关注度大幅提高，每天一早就到菜地报到，浇水除草，观察植物生长……常言道人勤地不懒，瓜菜长得生机盎然。

哥伦布是一个三四万人口的小城，聚集着上百户华人家庭，由于地处美国中西部大农村，同胞们自称住在哥村。种菜原本也不算新鲜事，不过禁足后，大家对农艺的热情大涨，开菜地，做菜床，越来越多的人加入了种菜的行列。大师及时成立了微信种菜群，当时我家地里的瓜菜正节节拔高，又处于社交活动的真空期，能与兴趣相同的人抱团，何乐不为？我毫不犹豫立即加入。

群主大师早年来自台湾，是哥村华人社区的活跃分子，无论是市里的少数民族活动，还是中国春节聚会，总能看到他忙碌的身影，成了种菜群群主后更加凸显他的热情性格，他还是一个动手能力极强的汗滴男（handy man）。首先他在自家后院支起一张瓜菜网，瓜呀豆呀的藤儿相继攀爬上网子，大大扩大了生长空间，也给草地营造了一片绿荫。一时间菜群主的后院成了大家造访热点。当然来访者常常不会空手而返，不是挖棵幼苗，就是带

走一把种子，我是收获季去的，有幸摘了几根丝瓜回家。菜群主勤学好问对新鲜事物敏感，他率先引进了植物灯在车库里育秧，这是用模仿日光波长的光线来促进幼苗生长的新技术，可以防止刚生长出的幼芽疯长，使芽苗健康茁壮，移到地里成活率高。群主在自家车库育苗若干，除了自用，还送给其他朋友。他种菜不仅身体力行，还给众群员帮忙，回答问题，介绍经验，为大家购买种菜工具。

今年早春有个寒潮，不少早种的菜秧都冻死了。五月中我的豆苗才发芽，又从老同学家取回一批瓜菜苗，我家那十几平米无法全部种下。一天散步时偶遇先生的同事，一个在大城市长大的女同胞。她有着一双十岁左右的儿女。让孩子见证植物生长开花结果，实在是最好不过的生物课了。她高兴地取走了我家多余的菜苗，马上在后院开了一小块地，买了土肥，把秧苗种上，成了菜群的活跃分子。她可是地地道道的种菜小白，据说以前连韭菜都种不好。拿出了她攻读博士学位的钻研精神，小白成了菜群中问题最多的一个。为什么西红柿开花不多？为什么红薯秧发黄？怎样区别雌花雄花？她的问题总会有人回答，并给她各种建议。不久小白的菜园也挂果了。由于地里的瓜果蔬菜来自不同人家，有的连名字她也叫不出，新的问题又来了。请问照片上的我种的瓜叫什么？如何烹调？渐渐地，小白也进入佳境，成了种菜专家了。

我笑话别人是种菜小白，其实自己也是半桶水。尽管年轻时下乡插队曾为农几年，但从来也没有种过菜。过去的两年，豇豆辣椒还都有收成，冬瓜丝瓜只看到花开，结的小瓜蛋子很快就枯萎了。原来我根本不知道，瓜类是雌雄异花，通过人工授粉才能结瓜。可是我连雌花雄花都认不清。群友介绍我在网上看了一段种南瓜的视频，知道了南瓜的雌雄花。后来自己琢磨，举一反三，给丝瓜和苦瓜都进行了人工授粉，终于结出果实了。谈不上硕果累累，最长的丝瓜居然九十公分长，真是乐死人。

哥村不少住宅连着树林，野生动物常常光顾菜地，野兔小鹿，原本可爱的动物，成了防范对象。菜地周围必须有一定高度的网子。刚红的西红柿不是被鸟啄了，就是被浣熊啃了。还有日本金龟子，常常把豆叶咬得千疮百孔。菜群里交流着应付病虫害和小动物的经验，大家一起在网上学习氮磷钾三大营养素，尽量不用化肥农药，种出金贵的有机蔬菜。

天道酬勤，种瓜得瓜，种豆得豆，收获季节到了。群里照片不断，黄瓜丝瓜，豇豆刀豆，大南瓜，红辣椒。各家晒出自产的瓜果，标出重量，量出长度……无声地比拼呢！由于保持社交距离，家里无法聚会。在后院和来访朋友聊聊天，一起看看赏心悦目的菜地，摘一把碧绿的豇豆分享给朋友，真有一种陶渊明式的陶醉。我家门口也常常出现群友留下的几根丝瓜，一把豆子或半块冬瓜。刚摘的豆角就下锅，掐把香菜丢进面条汤，鱼烧在锅里，到院子里撸一把紫苏叶调味；吃不完而晒干的豇豆，自腌的雪里蕻咸菜……这种农耕文明的氛围，令人着迷。今年着实过了一把自给自足的农家乐。

入冬以来我还在地里留了几十棵青菜，至今油绿油绿的。见天儿掰几片叶子佐餐，实有置身江南的感觉。冬日的菜群并不闲着。群主忙着为大家订购的瓜菜网已经启运，各家留的种子正在交换。讨论得最多的是明年的种植计划，是如何堆肥，如何深翻土地。各个摩拳擦掌，明年咱们再试。

在疫情肆虐全球的至暗时刻，哥村的农家乐像一股清流，一抹亮色，温暖着菜群人的心田。自产的新鲜菜蔬，给大家带来信心。疫情不能把我们击倒，生活还得有滋有味地继续。

写于 2020 年，2021 年元旦截稿

庚子疫情中的万圣节

高永进

10 月 31 日是美国、加拿大和整个西方的万圣节，英文叫做Halloween。这个盛大的节日是小朋友们一年一度最兴奋、最快乐，同时也是最调皮、最捣蛋的一个疯狂日子，有时甚至会有意想不到的恶作剧发生。因此，会让父母们既开心，又不免为孩子们走家串户敲门要糖担心。

以前万圣节时，我一大早都会在自己的“人文国学微信群”里洋洋洒洒地写上一篇逗乐的帖子娱乐群友。但是今年却不得不例外了，早上起来没有任何逗乐的好心情。唉，由于庚子鼠年的新冠疫情爆发，特别是如今美国的感染数字居高不下并引起一定程度的恐慌，孩子们像往年那样自由自在、成群结队、傍晚时分在卡梅尔小城里走街串巷、挨家挨户欢快地敲门讨糖果的喜庆气氛肯定是没有了。小朋友们在各家门口“trick-or-treat”（不给糖就捣蛋）的稚嫩声音也同样不会再听到了。

是啊，往年这一天，各家孩子们自打一睁眼就盼望立马穿上早已准备好的公主或王子服装，或者迪斯尼动画片里包括“替父从军”的中国花木兰之类的卡通人物造型，甚或稀奇古怪的各色服装。那种万圣节里应有尽有不一而足的奇异景观，今年也就自然而然地随之消失了…… 疫情的诡异疯狂愣是活生生地把所有准备装扮鬼怪的小朋友的trick-or-treat全部封杀了，这怎是一个凄惨悲情了得？！

那么具体地说，什么是万圣节呢？这个古老的节日源于天主教用来纪念已故亡灵或曰“圣人”的日子，其实宗教意义上的真正节日（All Hallow’s Day）是在第二天，即十一月一日，天主教徒们都要在这一天到教堂做弥撒。所以说，如今的万圣节只是这一宗教节日的前夜，或曰“前夜的狂欢”，一个预热而已。话说回来，四百多年前，早期乘“五月花号”帆船来到北美洲新大陆的大部分英国移民，由于追求自由、民主、独立和宪政，主张放弃旧式的生活习惯，对英国和欧洲大陆古老的万圣节并不感冒。但是随着信奉天主教的爱尔兰移民的涌入，提倡多元移民文化的北美大地万圣节几乎与感恩节和圣诞节齐名。随后，万圣节的宗教色彩逐渐淡化，形成了这样一个大众性的节日，为人们，特别是少年儿童喜闻乐见、趋之若鹜。

来美三十多年了，作为一位自己开业的教师，我可能在美国走过的地方比许多朋友都多，但是从来没有在万圣节这一天，看到像 2020 年这样的悲催情景，真是奇葩啊！再者，美国四年一度的总统大选，今年是 11 月 3 日。离万圣节仅有三天之差，此时此刻一切的一切都充满了诡异和不安的因素与情绪。我们都知道，中国和美国无论国土面积还是经济规模都是世界上的大国，两者之间任何一方的风吹草动都会给全世界造成重大的影响，这也是举世学者和政治家们尽知的事实。身在美国，由这个万圣节来观察今日之地球村、来思考疫情之后的世界格局，唉，还是打住不做过多思考，也不必杞人忧天，听天由命吧，无需太多顾虑了……

说起万圣节，就不得不说美国和西方对“亡灵”、对死者不同的看法与文化观念。刚到美国时，自己非常不理解这一“鬼怪”现象。怎么可以为了过万圣节在自家大门口挂上“不吉利”的鬼怪的服饰和画像呢？为什么邻居们要把好端端的大南瓜雕刻成可怕的鬼怪模样呢？而且不是比美是比丑，越丑越胜出。原来西方宗教认为：人是有灵魂的，英文 soul 这个词不知什么是时候翻译成中文为国人所知的？中国传统里把“圣”看得无比崇高和伟大，“凡”与“圣”不可同日而语，再往上就是神仙，完全脱离了俗世凡尘。那么，为什么把“鬼”这个概念融进“圣”的概念，而在万圣节这一天大张旗鼓地宣传和展示出来呢？

与中国人在春天春播时分的清明节纪念祖先和亡灵不同的是，西方的万圣节选在秋收之后的深秋时节，是因为欧洲的先民们相信各种鬼神会在丰收后出来游荡，寻找吃食。而人们装扮成鬼神的模样与之共舞，也有中国古人所说的“驱邪”作用，以此保平安。所以说，早期的翻译家们把万圣节也译作“鬼节”，有其道理。与此对应，中国本就有鬼节，如中元节等。但是敬鬼神而远之，要把节日这一天的户外空间避让给鬼魂活动和游荡。

面对死亡鼓盆而歌，是中国早期（如先秦）文化和民间传统之一，也是一个重要的文化源头。不过随着时间的推移，中国人变得忌讳“死”这个字了，也怕提鬼这个词，对鬼字敬畏有加、甚至讳莫如深。所以把鬼节叫做中元节，这样听上去好得多，人们容易接受。这一点，真不能和西方世界相比，哪能受得了西方人大张旗鼓地过鬼节、人鬼混为一群的做法呢。所以当年的翻译家，用圣称鬼，也是与中国的国情有关，煞费苦心。

在美国居住的这些年头，除了 2020 庚子鼠年这一次万圣节，还有两次，1991 辛未羊年和 2001 辛巳蛇年，都给自己造成了节日前后巨大的情绪反差和心理阴影，让我不吐不快。

先谈 1991 年的那一次。当时我在北卡州读书，10 月 31 日在美国过第二个万圣节。那时对这个鬼怪节日仍不适应，看见人家挂在树上的骷髅就心惊胆战。说来真怪，哪壶不开提哪壶，当天夜幕漆黑，老美同学约我一起去了当地著名的“鬼屋”(Haunted House) 体验恐怖。结果不仅在现场被吓得个半死，夜里还惊魂未定，接着做噩梦，以至于到了第二天傍晚，还恍恍惚惚，到处见鬼。而就在那时，在晚间新闻里，突然看到媒体在各大电视台铺天盖地报道着同一个天大的恐怖新闻：一位爱荷华大学的中国留学生，连续枪杀同学和导师，造成共六人死亡的空前校园惨案。随后很快得知，这位枪手竟然是六年前和我一道出国留学的同路人，我们在北京曾经走得如此之近……

反映 1991 年事件电影《暗物质》

那时出国留学、赴美深造，一切都是那么新鲜、那么美好、那么地充满活力和朝气。我几乎是看着这位日后的枪手和他的一位友人被 CUSPEA 录取后，一起到北京语言学院进行语言培训，几乎同一天分别拿到爱荷华大学和威斯康星大学的录取通知书；又是那一批公派留学生里最后两位登机赴美的学生。所以事件发生后，自己是百思不得其解，心里有太多的疑问。之后几年的万圣节，想起这悲惨的一幕都是心寒彻骨，内心有着巨大的悲痛。

再就是 2001 年更大的“911”事件，这是发生在美国本土的最为严重的恐怖攻击行动，致使遇难者总数高达三千人左右。相信全美国的民众都没有过好一个多月后的万圣节。作为对这次恐袭的回应，2001 年 10 月 7 日美国小布什总统宣布开始对阿富汗发动军事进攻，即大规模的"反恐战争"，希望以此一举消灭藏匿基地组织和恐怖分子的塔利班，同时还通过了美国爱国者法案。此次事件对美国民众造成的心理影响极为深远，美国民众对经济及政治上的安全感均被严重削弱。

2001 年"911"空袭事件对美国造成了巨大伤害

后记 1 万圣节的晚上，一位中学老同学从美国新泽西州传来了那里过这个节日的另一番景象，见下面的两张图片。各家在门前架起一个桌子，上面放有一小袋一小袋的糖果，让孩子们自助取糖。就是说，主人和要糖的来客互不相见，避免相互接触。如果真有胆大的小朋友得到父母的允许，敢于在疫情肆虐的夜晚来要糖，那么自取自拿。

后记 2 一位朋友看完《万圣节》一文后，结合中国现有的国情，有下面的感慨，一并在此分享：

> 细读了万圣节的微信，很有感触。对"圣""鬼"的理解，尤其是对生死的态度，中国人和西方人还是差别很大的。传统上中国人虽然信鬼神、信来世，但对死亡的恐惧和悲痛是极其强烈的，远没有信上帝的西方人来得从容。以前参加过不少葬礼，都是悲痛的气氛，唯独一次基督徒的葬礼，牧师做完弥撒，一群圣徒手捧歌谱唱赞美诗，没有悲

伤，感觉很庄严、神圣。我们都逐渐老了，将来都要面对生死，在这方面还是可以向人家学学。

老同学点评得真好，非常诚恳和实在，深有同感，在此略谈一点“生死观”的话题。出国前三年即我在北影的那段日子里，自己几乎每个周日一大早都到西四“缸瓦市教堂”做礼拜、听布道。赴美后在北卡州也是如此，后来搬到芝加哥就去林肯赴华盛顿上任总统前曾经去过的教堂。以后从1993年初我开始对佛教也产生了兴趣，除了去基督教会，还修行做功课。

小朋友们自助取糖，一人一份

各家各户门前的糖果，来者自取

是的，中国人一般不愿意谈论死亡这个敏感话题。其实，两千五百年前孔夫子几乎把人与人、人与社会的关系和道理大都总结到了；而老子又把人类与自然的关系给说透了，就是：道法自然。自此产生了儒家和道家两种主要学派。应该说，他们的学说在那个年代已经很圆满了，为西方，特别是文人学者和汉学家们所钦佩。可是非常遗憾，对于“死亡”这一现象，他们都没有全面的解释。

中国有了儒家的孔孟之道、有了道家的老庄哲学，大约在西汉末年又吸收了另外一支学派的思想，这就是讲究生死轮回的佛家禅学，形成了儒释道三家鼎力的大格局。

儒家思想对生老病死的自然现象看得很豁达，“自古皆有死”（《论语 · 颜渊篇》），所以要珍惜生命；而老庄哲学也亦然，讲究鼓盆而歌，要看破生死和红尘，道法自然，活即活出精神；而佛家的生死观讲的是诸行无常，生死也无常，都是“生灭法”，这就有了“轮回”的概念，并自古就提倡人死后进行火葬这一仪式。自此以降，“儒释道”三家思想和理念在中国的传统文化里，相辅相成，相映成辉。

如今的西方和基督教国家对死亡的确看得很开，就拿每年10月最后一天的万圣节来说，许多人喜欢与“亡灵和骷髅”为伍，还显得从容和淡定，即可见一斑。

闲聊2020年美国总统大选

王辉云

2020年注定载入史册。今年爆发的新冠疫情不但对世界各国的经济造成强烈冲击，也深刻影响了美国大选，使原本没有多少悬念可以竞选连任的现任总统川普的选情变得扑朔迷离，也使美国社会产生空前的撕裂。

在疫情阴影笼罩下，今年美国大选不同往常，邮寄投票的人数创了新高，且由于邮寄选票的计票时间的延后，再加上各州规定不一，威斯康辛、密西根、宾夕法尼亚等州的计票结果要等到几天或几周以后才见分晓，再次使大选结果陷于难产。

大选投票之前，大部分民调一直显示拜登的胜选率大幅领先川普，美国主流媒体也几乎一边倒地支持民主党候选人乔·拜登，有的竟不遗余力地抹黑川普。《纽约时报》还发表社论，誓言把川普赶下台，迫不及待地将自己绑在党派斗争的战车上。然而，大选结果使这些偏袒拜登的民调机构和主流媒体的眼镜碎了一地。主流民调预测这次大选将会出现的“汹涌蓝潮”并未如期到来。究竟是什么原因造成了这种情况呢?

这次美国大选的投票率应该说创了历史最高记录，人们以空前的热情参加投票，很大程度上来说是因为川普。无论对这位现任总统是喜欢还是讨厌，很多选民表示就是为了他而来投票的。

川普是位非常有争议的总统。“川粉”称他为拯救美国的“天选之人”，反对他的人则看他哪都不顺眼。川普自上任以来，便破坏了华盛顿的“政治规矩”，表现得根本就不像一个“专业政客”。该说不该说的他都说，还搞推特治国，特别是今年新冠疫情在美国爆发以后，他的表现更叫人难以理解。遇到这么大疫情，你悄悄地躲在白宫，让防疫小组长彭斯出头露面不就得了嘛！干吗非得玩一把“亲自指挥，亲自部署”，天天在白宫记者会上跟媒体记者互怼呀？结果还把自己和家人给传染上了新冠病毒。

对川普的施政风格，人们褒贬不一。特别是他应对疫情的做法，引起了朝野的巨大争议。今年恰逢大选之年，于是，饱受疫情之苦的美国人民便以空前的政治热情，争先恐后地涌向投票站参加投票，从而使今年美国大选投票率飙出历史新高。

今年大选出现的这种难分胜负的局面，实际上反映出来的是美国社会精英与草根阶层矛盾的激化。川普作为草根阶层的代表挑战的不仅是精英阶层，而且还有统治美国的“深层政府”（Deep State），而自以为是的精英阶层的顽固和偏见又为草根阶层在美国政治中实现逆袭提供了帮助。您可能会问，一个亿万富翁咋成了底层百姓的代表了呢？

要解释这个吊诡的问题，还得从2016年川普参选总统说起。川普参选总统从一开始就被人们看作是个“笑话”，可他竟一路过关斩将，最终战胜被主流媒体一致看好的希拉里而成功当选为美国第四十五任总统。他采用的竞选策略是挑战“政治正确”，甚至以“政治不正确”自居。玩这种危险游戏，川普没什么负担，输赢无所谓。但其他竞选总统的人玩不起，于是，他便占据主动，成了那场游戏的赢家。正因为川普轻装上阵，敢于剑走偏锋，敢于满嘴跑火车，敢于说老百姓想说而不敢说的话，使他接上了地气，就这样，一个亿万富翁摇身一变，成了下层百姓的代言人。

在过去二十多年里，由于美国主流社会倡导“政治正确”，种族主义在美国社会受到全面打压。这为确保国内族群和谐相处，避免彼此仇恨和社会撕裂提供了重要保障，也使美国成为最具包容性对世界各地的人才最有吸引力的国家。然而，“政治正确”的言论规范，也给言论自由划上了红线，甚至产生新的社会问题。

一个政治上不太正确的政治素人能在华盛顿的政治沼泽（the swamp）里挣扎多久，引来无数吃瓜群众的大量围观。《华盛顿邮报》在他的就职典礼正在进行时就宣称对这位总统的弹劾已经开始。一个政治圈外人，想在华盛顿混，不“入乡随俗”，肯定凶多吉少。

远的甭说，看看比尔·克林顿就能知道华盛顿的水到底有多深了。当年比尔当选总统后，带着一众阿肯色的兄弟来华盛顿就职，想一起干出一番事业。没多久，这帮兄弟就走人的走人，自杀的自杀，他也不得不收敛心气遵守华盛顿的“政治规矩”。大家还记得，克林顿在 1992 年总统竞选时，曾激烈抨击老布什总统的对华政策是纵容暴君的“没有良心”的政策，并且扬言，如果他当选，他将“取消给予中国的最惠国待遇，[对中国]实行贸易制裁，鼓励[中国]年轻一代对民主的向往。”但是，当他当上总统后，怎么着了呢？不但继续给予中国最惠国待遇，而且还于 1994 年宣布将对华经济关系与中国的人权状况脱钩，进而支持中国加入世贸组织。作为民主党候选人，克林顿可以以他的理想主义观点争取选民，但是，作为美国总统，他就不得不从实用主义角度制定符合华盛顿意愿的政策。

川普与克林顿不太一样。他非但不自觉遵守华盛顿的“政治规矩”，而且还野心勃勃地想抽干华盛顿的沼泽。既然这样，你在白宫的日子就甭想好过了。谁曾想到，这老头儿不但熬过了弹劾，还要再干四年。不能不说这个人的意志还是很顽强的，同时也说明美国草根阶层的觉醒及他们参与政治活动的意愿正在提高。川普能否胜选，目前尚无定论，但草根阶层政治意识的觉醒则是无法阻挡的。

今年的总统大选反映出当前美国社会严重撕裂，值得人们认真关注。

美国社会的撕裂首先表现在党派斗争极端化上。进入二十世纪，美国的政党政治基本成熟，民主、共和两党为维护美国的宪政做出了重大贡献。虽然，民主党和共和党在意识形态上的不同常常会导致其在治理国家的政策上产生分歧，但这都是很正常的。

一般来说，民主党坚持自由主义，而共和党主张保守主义。美国当代的自由主义理论推崇革新、容忍与社会平等，主张观念、制度和法律应随社会环境改变而变迁；而保守主义思想则强调文化延续性，注重传统价值、社会稳定以及宗教在社会中的维稳作用。

基于这种政治信念，两党在政治领域的主要分歧便集中表现在实行“大政府”还是“小政府”的问题上。共和党从维护个人自由的信念出发，认为政府权力扩大就意味着个人自由的缩小，政府对经济的干预和对社会问题的涉入必定会危及个人自由。而民主党则认为，不受政府干涉的自由经济导致了严重的贫富不均、高失业率、种族歧视，弱势群体权益得不到足够保护等一系列社会问题。

然而，自川普上台后，两党斗争似乎走上一条邪路。民主党杯葛川普的总统就职典礼和大法官巴雷特的任命，都表现出强烈的党派色彩。议长佩罗西当众撕毁川普的国情咨文那一幕更让人感到失望。

党派之争若走火入魔，便不得人心。作为一个政治圈外人，川普本来党派色彩不浓，但其处事风格，执政特点，颇惹物议。以至于在大选之年，对他个人的好恶上升到党争，那社会的撕裂就不可避免。疫情来了，两党本该通力合作，共同对抗疫情。实际情况却是，总统关闭了来往中国的航班，那我就非得到旧金山唐人街转转，以示反对。当全美各地反种族主义运动出现骚乱，你要强调法律和秩序，我就高调支持 BLM（Black Lives Matter）。你说中国是美国的最大威胁，我就说俄国才是。不买账，互相怼成了两党政治的常态。

其次是媒体党派化。在现代社会，媒体已被看作继立法、行政、司法等公权力之后的第四种权力，即监督权力的权力。到 19 世纪中叶，美国新闻传播业从政党报刊时期逐渐过渡到了商业报刊时期，媒体演变成了社会中一种相对独立的力量。由于媒体的独立性和它的监督职能，美国利用权力搞腐败的政府官员比起中国政府的贪官来就少得多。

然而，媒体也是由人操控的，而有人的地方，就难免出现腐败。媒体如果丧失独立性，选边站队，沦为党派政治斗争的工具，那就会酿成最大的腐败。近年来，美国主流媒体的党派化色彩变得越来越浓，这种现象在大选之年表现得尤为突出。相比于对川普的大量负面报道，大选投票之前，美国主流媒体几乎一边倒地支持民主党候选人乔 · 拜登，甚至连拜登儿子亨特 · 拜登的“电邮门”事件的报道也遭到主流媒体及推特、谷歌和脸书等社交媒体巨头的一致封杀。媒体姓党后，党派之争极端化无疑会愈演愈烈。

如果媒体滥用权力，需不需要对媒体实行监督呢？从现在的情况来看，媒体独裁与新闻自由的矛盾正日益加剧，成为当今社会亟待解决的问题。如果这个问题得不到解决，我们会在不久的将来，迎来一个媒体独裁专制的时代。

说到美国社会的撕裂，怎么绕都绕不过种族矛盾激化这个问题。种族问题是美国这个有着奴隶制历史的移民国家长期存在的问题。今年夏天黑人嫌犯佛洛依德因白人警察暴力执法而死在美国引发的持续不断的骚乱，加剧了美国社会的撕裂。

在“平权法案”实施了长达半个世纪之后，黑人在美国社会中的状况依然堪忧。是黑人族群自身的问题还是制度问题？很多人都会有自己的答案。只是由于“政治正确”对言论自由的设限，这些问题一直没有得到认真对待，甚至有被党派斗争利用的嫌疑。在今后相当长的历史时期内，种族问题仍将是美国最大的政治和社会问题，而党派斗争极端化势必会使种族问题变得更加复杂。

随着秋冬来临，美国新冠肺炎疫情反弹之势愈加明显。希望民主、共和两党能放弃前嫌，共同抗疫，重振经济，使撕裂的美国社会尽快愈合，以便有效回应当今美国面临的“文明冲突”和极权国家的挑战。

有人会问，美国社会撕裂如此之深，能否愈合？又怎样愈合呢？我的回答是，能！美国政治制度的纠错能力很强，对美国的政治制度要有信心。

美国建国先贤设计的政治制度比较成熟，对总统的权力设有诸多限制，即便一个疯子当选总统，也很难形成一人独裁的局面。总统干得好不好，四年之后，老百姓还有机会用选票来重新选择。谁当总统虽然会对许多政策产生影响，但从根本上改变美国的政治格局，则是不太可能的。美国有尊重宪法的传统，任何政党企图重修宪法或改变政府形式的努力都是徒劳的。由于殖民地的历史背景，绝大多数美国人接受自由国家的概念，反对中央集权。个人主义在美国社会更是深入人心。尽管选举已经结束，有些地方可能会出现示威游行，但过不了多久，一切都会归于平静。你不满意选举结果也好，衷心支持当选总统也罢，都不得不承认既定事实。

在今后相当长的时期内，上面提到的几个问题都不会很快消失。无论拜登还是川普胜选，作为美国下一届总统，前面的路都很坎坷，任重而道远。

原载于 2020 年 11 月 6 日《亚美导报》

齐心协力，竞选学区委员

阴悦

作者简介 1997 年北京大学技术物理学士，2000 年北京大学高等教育研究硕士，2003 年斯坦福大学心理学硕士，2005 年斯坦福大学教育学博士。2005 至 2008 年执教于夏威夷大学教育学院。2008 年至今任教于伊利诺伊大学芝加哥分校教育学院，现任副教授。先生刘强在普(10)和九洛(8)，居住在印第安纳州西拉法叶市。

华人在美国是小众，与其他族裔相比，我们的政治参与度总体偏低。希望有更多的华人愿意参与美国的民主政治，发出我们的声音，提供我们的视野，贡献我们的才智，为维护社会公平正义和我们的正当权益贡献一份力量。

本文记录了我在非同寻常的 2020 年参加学区委员竞选的特殊经历。感谢所有相识和不相识的朋友对我的信任、支持和帮助。希望我的参选经验能够抛砖引玉，为有兴趣竞选各种政治职位的朋友提供一些有用的信息，也为华人参政贡献绵薄之力。

2020 年秋，我参加了西拉法叶学区委员的竞选。我们的学区很小，只有三所学校（K-3 年级初等小学，4-6 年级高等小学，和 7-12 年级中学），2000 多名学生。由于疫情，秋季学期的上课模式引起了广泛争议，接下来的学区委员竞选也就异乎寻常地激烈，4 个空缺席位竟然引来了 15 位候选人参与竞逐。经过竞选团队和华人朋友们三个月的辛苦工作，我获得了社区的大力支持，最终得到 3,301 票，以比第二名多出近 1000 票的优势胜选，取得了学区委员的席位。在此，我分享一下自己的竞选经历，希望帮助感兴趣的朋友了解美国这个最基层的政府席位的竞选过程。

决定参选

学区是美国基础教育自治的政府机构，其决策机构是学区委员会。委员会负责决定学区政策、财政预算、课程制定、学区主管聘用等相关事宜。学区委员会由 5 或 7 位学区委员组成，绝大部分委员经本区选民选出，任期 4 年。

我们学区位于普渡大学所在的大学城，人口组成多元：据 2019 年数据，24%的西拉法叶居民出生于外国，亚裔占总人口 23%。可是学区委员却几乎一直是清一色的本地白人，难以体现居民的文化多元性。虽然我们学区的学生平均成绩在全州一直名列前茅，但还有很大的提升的空间。家长们很希望学区委员会能更好地倾听社区的声音，提高透明度，鼓励社区参与，并改善一些学校状况：如增加小学的课外活动，改善中学的计算机教学，加强与普渡大学的合作等。过去的几年，我作为志愿者参与了一些学区活动，比如和朋友一起做 Lego Robotics（乐高积木机器人）教练、帮助学校组织给老师的感谢午餐、参与组织疫情期间的 PPE 捐赠等。但因为我的工作一向比较忙，三个孩子又很年幼，此前从未考虑过竞选学区委员。

今年 7 月开始，新冠疫情日趋严峻，但学区仍旧宣布 8 月份学生照常到校上学。接到通知后，很多家长纷纷请求学区能提供网课选项，可是学区管理者顾虑重重，称州政府有严格的学时规定以及学校资源有限，拒绝了这个请求。为了向学区决策者提供信息，帮助他们了解大家的需求，我在网上发了一个问卷，邀请家长和老师填写对秋季学期学习模式的期望。问卷统计结果显示近一半被调查者希望有网课选项。甚至很多计划让小孩到校学习的家长也希望学校能提供网课，这样能降低在校学生的密度，减少病毒传播。经过家长们的共同努力，学区最终同意了我们的提议。这件事让我意识到了学区管理机构的重要性，也发现自己的专业背景有可能帮助学区做出更好的决策。在朋友们的鼓励下，我决定参加 2020 年西拉法叶学区的学区委员竞选。

报名竞选

有意竞选政府职位者需要在 8 月初向郡竞选办公室提交竞选申请，这个申请需要获得至少十位本选区选民的签名支持。收集到了十几位朋友的签名后，我把申请表交到郡选举办公室。在核实了候选人和签名人都是本选区的注册选民后，选举办公室几天后发给我确认电子邮件和与竞选相关的各种法律规定，包括如何管理募捐的款项和宣传方式，比如宣传品上必须注明付款组织（我的是“Paid for by Yue Yin for WLCSC School Board”）和放置宣传牌的位置等种种规定。

组织竞选团队

学区委员选举是最基层的地方选举，但麻雀虽小，五脏俱全。竞选活动的每项工作都需要有专长、有热情和有责任心的人士专门负责，协调完成。我请了几位热心帮忙的朋友负责不同的工作。朱晓光担当了信息主管，搜集各种与选举相关的信息，包括过去选举、选区划分、跟学区有关的新闻与消息以及竞选过程的宣传跟踪信息；钱振宇做设计主管，设计网站以及各种宣传材料；张立岗做宣传主管，组织和发放各种宣传资料等；高中生 Evie Cai 做财务主管，接收捐款、给捐款人发回执，以及购买竞选所需物资和记账等。还有很多华人朋友随时帮忙出主意、想办法，根据需要采取行动。当地华人有很多微信群，有 400 多人的常驻华人居民大群，也有几十个成员的学校和学区群。为了组织竞选，一些热心朋友又组建了几个竞选小群，这些微信群极大地方便了我与大家的沟通，成为华人社区群策群力、分工合作的有效竞选交流工具。朋友 Lan 向我推荐了在卡梅尔学区成功选上学委的印第安纳大学 Kelly 商学院副教授郑琳，她向我提供了很多有益的建议。

筹款

听说我要竞选学区委员，很多华人朋友都热情地表示愿意提供资助。我们的财务主管 Evie 立即设立了一个银行账号接受捐款，一共有 30 多位朋友捐了款，共计逾 2600 美元。这些捐款用于建立网站、购买门挂和宣传牌等宣传材料，我们对每一笔捐款和花费都做了严格的记录，并向捐款人汇报，也根据要求向选举办公室报告详细信息，包括每个捐款人的捐款时间和家庭住址，以及每个商家的详细地址。在此，我感谢慷慨解囊的以下各位朋友：Fengqing Z, Lingling Y, Lin N, Lulu Z, Ling Y, Jing Z, Baijian Y, Li Q, Tong L, Zhihong C, Guanqin W, Miaofen H, Zhenyu Q, Lin M, Xiaomei H, Lan C, Yan Z, Xiaorui C, Xiaomin Q, Wenbin Y, Yue Y, Bob Z, Ying Z, Sa L, Bin D, Gabrielle C, Bingbing W, Wei X, Ninghui L, Rachael C, Wu-Ying H, Lan Z, Lei Y。

制定竞选纲领

尽管是小小一个学区委员的竞选，明确清晰的理念仍然至关重要。我的竞选口号是“追求卓越”，希望帮助强化学区数据驱动决策，倾听社区的声音，加强社区参与，强化与普渡大学的合作，让学区更好地为每一个孩子提供高质量的教育。下图是我竞选纲领的总结，在竞选网站上有更加详细的介绍。

VISION	PLAN
Education is powerful. Maintain the high quality of our school districts. Improve education for all children. Appreciate teachers. Value collective wisdom and effort. Stay open-minded and promote innovation. Excellent education doesn't have to be expensive or exhausting. Strive for excellence.	• Facilitate communication. • Listen to all voices. • Support and empower teachers. • Make data-driven decisions. • Make the decision process transparent for all. • Encourage community involvement. • Facilitate collaboration with Purdue University. • Facilitate collaboration in our school district.

我的竞选纲领

准备与发放宣传材料

网站：要让更多的选民了解自己，第一步是建立竞选网站。我们团队在 godaddy.com 上购买一个域名 yueyin.us。短域名方便大家登录，在宣传资料里不占用太大空间，也比较醒目。设计网站用了 wix.com 的服务，他们有制作竞选网站的各种网页模板，也提供网络分析以便跟踪网站被登录的情况。我在网站上介绍了自己和家庭、竞选纲领、教育研究、社区服务以及朋友的推荐。朋友张靖的女儿 Rachael Cai 和李佳的先生 Holly Mason 帮我校对了文字。此外，我的孩子们为我制作了访谈录像。我把视频放上了 YouTube，并把链接加在网页首页，发布到社区的 Facebook

和 Nextdoor 上面。这个录像克服了疫情期间不能与选民见面的困难，让很多选民对我有了视觉的认识。经过朋友们的几轮修改，网站终于大功告成。我随即在社区的 Facebook Group 和 Nextdoor 发布了我的网站链接。

华人社区的小朋友挨家挨户发门挂

门挂（door hanger）：从做好网站到投票，只有两个多月的时间。我们必须快速地让更多的选民了解我。印制宣传材料很方便，很多网站都提供可以自己设计的模版。我和竞选团队商量后，决定购买门挂。因为邮箱的使用必须遵守联邦政府的规定，只能用于邮局的邮件，不允许内置或外挂任何物品。而门挂可以挂在门把手上，也比较醒目。我们的信息主管晓光研究了往年的选举情况，找到了选区地图和各个辖区所包含的小区。在立岗的协调下，二十几位热心的朋友分片承包各个辖区，发动孩子们发门挂。一时间，西拉法叶市各居民区很多华人孩子忙碌起来，他们或徒步，或骑自行车，或踏一脚蹬，不辞辛苦地挨家挨户发放门挂。

我特别感谢参加发门挂的小朋友和家长们：Ethan Z, David Y, Sophie Y, Jennifer Y, Triton M, Titus M, Jessica X, Felicia X, Cailean C, Evalyn C, Emma Z, Alison Z, Edward L, Helena L, Serena L, Ada Z, Claire Z, Eric J, Albert J, Lucia Z, Albert Z, Aaron D, David Y, Ryan L, Andralyn Y, Kevin L, Katie L, Chase Z, Ethan Z, Melody F, Bill F, Sophie Q, Joseph Y, Caleb Y, Tye M, Diana H, Yan, Summer, Hanna H, Li L, Mingbo L, Baijian Y, Xiaomin Q, Yingjie C, Ligang Z, Jian J, Jiadong Y, Xi C, Miaofen H, Fengqing Z, Yanrong W, Zhiyi T, Ningning K, Zhenyu Q, Xiaoguang Z 等。

每覆盖一个小区，我们对其中每一条街都及时记录，由晓光统一更新地图。广泛发放门挂效果显著，当天我网站访问量就过了 100，创了网站单日访问量记录。很多陌生人浏览了网站后发信给我，表示大力支持或愿意在自家草坪插我的宣传牌。

宣传牌（yard sign）：宣传牌是美国选举时期街头巷尾的一道特殊风景。很多专业网站都提供各种宣传牌的模板，非常方便。我在设计时，特意选了我们学区的灰色和红色。根据设计总管振宇的建议，我们决定用深灰背景写白字，白背景写红字（人眼不易识别灰色和红色），非常醒目，老远就能看见。插牌的过程中，华人社区再一次给与了我大力支持。他们不仅在自家院子插，还向朋友同事广为宣传，请更多的居民帮助插牌。当地多家华人商家 River Hair Care、Taste、蜀阁 、四川、天香楼和巴国演义同意在他们的店里放置门挂，并在店前插上牌子，让他们的客人获得我的竞选信息。所有宣传牌的发放地点都做了详细记录，以便在选举结束后尽快收回；这样做也有利于跟踪宣传的覆盖情况，方便及时调整宣传重点。

参与社交媒体讨论、收集第三方信息

此外，我花时间关注当地居民在 Facebook Group 和 Nextdoor 上的讨论，积极发言，帮助更多的选民了解我的观点。我相信，选民是否选我并不重要，重要的是他们的选择是否在获得了充分的信息的基础上做出的。为了便于大家查询，充分了解和比较不同候选人，我把所有候选人的网站信息汇编起来，统一发布在 Facebook 和 Nextdoor 上面，还把所有候选人的竞选网站列在自己的竞选网站上。参与社交媒体讨论不仅让更多人认识了解了我，他们还向其他选民推荐我。这种互动也给了我了解学区选民需求的一个难得的机会。

Evie 收宣传牌

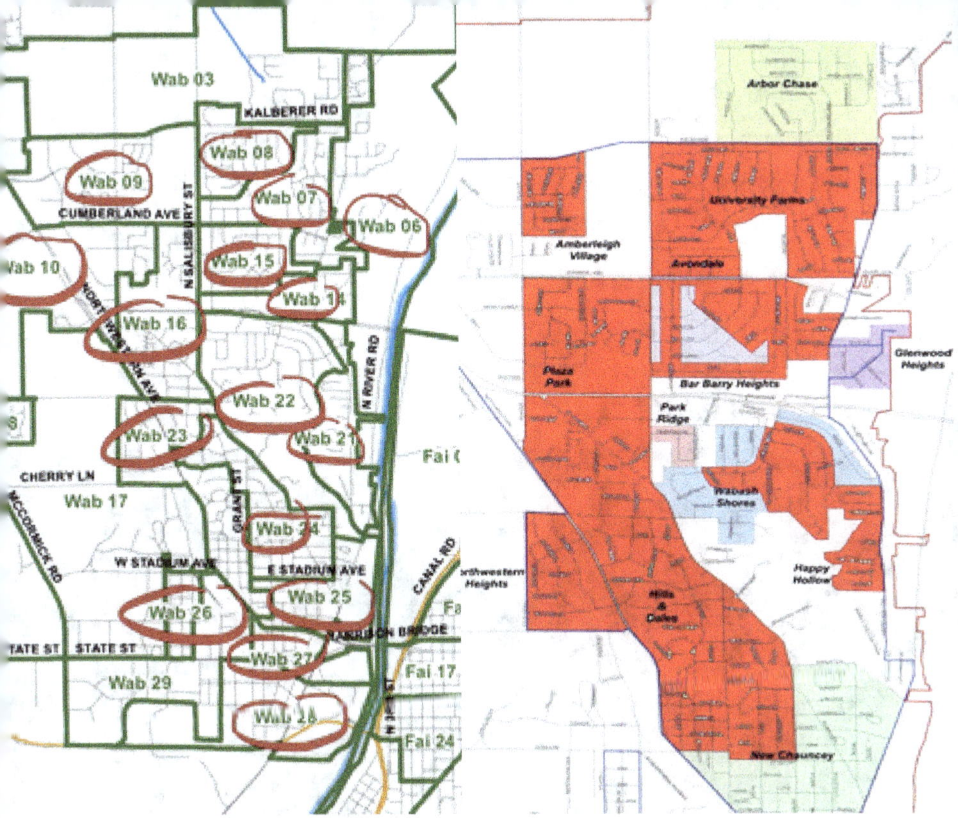

选区地图和覆盖跟踪

另外，拉法叶女选民联盟和当地报社也以书面访谈的形式请候选人回答一系列与竞选有关的问题，帮助选民来了解候选人。对这些问题，每一次我都作了认真的答复。这些访谈信息被刊登在 VOTE411.org 和报纸上。我很感激他们为候选人免费提供这些平台，让选民更好地了解所有的候选人，这是民主政治的产物。

与选民见面

朋友陈志宏为了帮助他们小区的居民了解候选人，与小区联谊会一起在他们的儿童乐园组织了居民和候选人见面。我们5、6个候选人向来参加活动的20多个居民介绍自己，回答提问，让大家了解我们。还有一次类似的见面会是一个房产中介组织的，让候选人与他的选民客户在一个社区公园里见面交流。这些见面会，帮助选民直接了解候选人，也给候选人机会倾听选民的声音，与更多的选民建立联系。

在投票点站台

投票点宣传牌

Jessica & Felicia 帮助在投票点宣传

在投票站做宣传也很关键。今年因为疫情关系，投票比往年提早开始，持续了大约一个月。究竟哪些天去投票站站台呢？我选择了本郡开始投票的第一天、本城开始投票的第一天和大选日，因为这些关键日子投票人比较多，通常有媒体采访报道。在投票站做宣传，印州规定容许的有三种方式：1. 在 50 尺以外的地方插宣传牌，同时必须得到插牌地点业主的许可；2. 在选民排队处自己举牌子宣传，我和华人朋友 Jijun、立岗和王茜以及两位小朋友都曾轮流举了几个小时的宣传牌；3. 在 50 尺以外向选民介绍自己，向选民发放小宣传卡等。当然，我们的态度很诚恳温和，没有让别人觉得别扭，比如我只是请别人考虑我，而没有直接让他们为我投票。

投票结果与感谢

campaigns outside St. Thomas Aquinas Catholic Center, Tuesday, Nov. 3, 2020 in West Lafayette. *Nikos Frazier / Journal & Courier*

选举日我在普渡大学投票点宣传

选举日的晚上，我们在等待……有些像曾经的高考等待发榜，激动且紧张。不同的是，现在是大家的共同努力，大家共同等待。开始数票了，我一直领先。大家在微信群里不时地更新着票数。当最终选举结果出来的时候，我以最高票当选，华人社区无比激动，微信群里大家欢呼庆祝胜利。这不是我个人的成功，这是整个西拉法叶华人社区的成功，也是所有有关选民的成功！在此，我要向一切有关人员表示我衷心的感谢：

第一，我特别感谢竞选团队和众多华人朋友的大力支持，是大家以各种方式促成了这次选举的成功。有的朋友（包括外州的亲朋好友）慷慨捐赠；有的朋友积极地出主意、想办法、对宣传材料和竞选方法提供各种建议与反馈；有的朋友直接采取行动：建网站，查询信息，设计、发放、跟踪宣传材料，向朋友同事推荐等等。特别值得一提的是小朋友们以各种方式为我的选举做出的贡献：修改网站文本、管理选举经费、发放门挂、在选举点宣传，他们不辞辛苦，不厌其烦。孤掌难鸣，众志成城。没有大家的齐心协力，我不可能竞选成功。做出各种贡献的朋友众多，在此无法一一提名，但都深表感谢。

顺便在这里说一下，华人长期在社区树立的良好形象和对社区的各种贡献也为我的胜选打下了坚实的基础。一位退休教师在来信中说："I was delighted that an Asian person would be running for our Board of Trustees. As a teacher and as a parent I was fully aware of the positive influence on our school corporation of the many Asian students who attend our schools. I knew and loved so many students and parents of Asian descent. I know that one of the main reasons our school corporation has done so well over the years is because of these highly intelligent and motivated students and their very supportive parents."

第二，我也很感恩选民们的信任。如果没有西拉法叶学区的多元和开明，作为一个移民，我不可能在短短的 3 个月内拿到 3000 多票。感谢大家对一个 3 个月前完全陌生的候选人的了解、支持、帮助和信任。没有一个宽容开放的群体心态，这一点是难以实现的。

第三，我还感谢其他候选人。大家没有互相抹黑打压，而是互相帮助，共同探索如何克服各种困难。最后，我也很感激家人对我参选的大力支持和默默付出，无论是出主意还是出力都从不含糊。

赢得选举也让我感到责任重大。我希望自己不负众望，为学区的进步做出贡献。

*感谢先生刘强和好友振宇编辑修改文字。

*当地媒体的相关报道：

- https://www.wlfi.com/content/news/The-WLCSC-says-after-they-collect-the-data-they-need-they-will-offer-an-e-learning-instruction-option-for-all-who-want-it-571782951.html
- https://www.jconline.com/story/news/2020/07/15/west-lafayette-parents-call-broader-district-e-learning-plan/5441923002/
- https://www.jconline.com/story/news/2020/08/25/15-names-4-open-seats-west-lafayette-school-board-draws-crowded-field/3428937001/
- https://www.jconline.com/story/news/2020/09/26/west-lafayette-teacher-endorsements-apocalyptic-pac-letter-riles-crowded-school-board-race/5868119002/
- https://www.jconline.com/story/news/2020/10/06/election-2020-first-day-person-voting-draws-crowd-downtown-lafayette/3636740001/
- https://www.jconline.com/story/news/2020/10/11/election-q-a-meet-15-candidates-west-lafayette-school-board/5960288002/
- https://www.jconline.com/story/news/2020/10/23/rdp-pac-backing-west-lafayette-teacher-union-endorsed-school-board-candidates-raises-25-000/3741020001/
- https://www.jconline.com/story/news/2020/11/04/2-incumbents-2-newcomers-win-seats-crowded-west-lafayette-school-board-race/6130982002/
- 官方选举结果：https://www.tippecanoe.in.gov/DocumentCenter/View/29624/2020-Official-General-Election-Results

平谈夜话

胡少敏

作者简介 1989 年毕业于中国科学技术大学少年班。先后在中国科学院植物研究所和人民日报社工作。1998 年来美至今，先后任职于阿拉斯加 SAR 设备（Alaska SAR Facility）、阿拉斯加费尔班克斯分校、麻州伍兹霍尔海洋生物实验室和普渡大学。2020 年春季发起并组织大拉法叶华人 COVID-19 疫情爱心捐赠，秋季开始又创办并主持“平谈夜话”Zoom 讲座活动。

新冠疫情改变了我们的生活，过去正常的节奏被打乱。我们不能在每个周末和朋友聚会，在每个假日出门旅游…… 但是隔离虽然能让我们远离新冠病毒，也使我们失去了和朋友们见面的机会，以及由此而来的收获。

我的很多朋友都是各自领域的专家和佼佼者，平时跟他们交流，往往产生听君一席话胜读十年书的感觉。但是由于异地而居，大家过去难得有机会互相学习。疫情居家隔离期间，一个念头突然出现在我的脑海里：Zoom 讲座不受地域限制，是一个理想的网上交流平台——既让我们分享各自的专业知识和生活经历，又绝对能保持社交距离。于是，我马上征求朋友们的意见，得到大家的热烈响应。最初，我们计划从 8 到 10 家开始，每周一个话题，慢慢吸引更多的家庭参加。出乎意料，很快就有 24 家报名参加，让我对讲座活动信心倍增。紧接着，我用了不到 10 天的时间，就建立了联系方式，安排好讲座时间（周一和周六晚 8 点），还确定了头四次讲座的主题。经过商议，大家把这个自发的活动命名为“平谈夜话”。

10 月 30 日是“平谈夜话”第一讲——The Alaska Mining Industry（阿拉斯加的采矿业），主讲人：阿拉斯加大学费尔班克斯分校陈钢教授，22 个报名家庭和几位旁听者参加。开讲前，我安排每个家庭做一分钟的简短介绍，相互认识一下。原定 35 分钟的介绍，因大家交谈甚欢，竟超过了一个小时才完成。

陈教授的主题讲座知识含量很高，讲解深入浅出，绘声绘色，引起了听众对阿拉斯加的极大兴趣。最后，陈教授播放了一段矿山爆破配乐视频。视频之震撼，配乐之奇妙，又引起了大家对视频的背景配乐的兴趣。有人对手机发问“Hi Siri, what is the music?”答案是 1812 Overture by Tchaikovsky。无意中大家又学到了苹果手机的小贴士，意外的收获！由于时间关系，讲座后没能充分讨论，大家就在“平谈夜话”微信群里继续交流。氰化钾是不是剧毒？会不会对人和环境产生影响？矿工现在的工作风险怎样？工作条件有何改善？采矿公司有没有工会？陈教授不厌其烦，一一解答。陈教授的第一讲奠定了高标准，让参加讲座的家庭的兴趣大增。

听讲座家长们还有个意外发现。一个 10 岁的小朋友不仅对讲座内容完全理解，而且还提出了颇有深度的问题。一位 80 岁的普渡大学老教授和另几位教授都认为小朋友前途无量，是做研究工作的好苗子，一定要好好培养。讲座激发了小朋友们思考和探索的兴趣，让家长们兴奋异常。

11 月 7 日是第二讲——Statistics, Risk and Uncertainty: How to Live Smart（统计学、风险和不确定性：如何聪明地生活），主讲人：普渡大学统计系张浩教授，主题为人类对几率及风险的认识过程及应对手段。张教授从早期人们为了计算赌博的胜算几率谈起，延伸到概率论的发展，而概率论又为统计学奠定了基础。统计学的目的是预测事物的不确定性，随着统计学的发展，对现代社会不确定性的认识日趋成熟。张教授还用实例解释了如何利用期权（Stock Option）来减少股票投资的风险。这些实用的知识让听众脑洞大开。

11 月 14 日是第三讲——The Process of Clinical Trials in The US: Why We Have to Wait So Long for The Vaccine?（美国临床试验过程：为什么我们等待疫苗的时间如此之长？）主讲人：普渡大学统计系解军教授。5 天前，辉瑞（Pfizer）公司宣布其新冠疫苗的三期临床实验结果为 90% 有效，这个消息振奋人心。解教授及时调整讲座内容，以解大家的好奇。她从美国疫苗的三期临床实验讲起，细述了 FDA 对药品及疫苗临床实验的严格监管使药品研发和临床实验的周期漫长，而且需要投入巨资。她还解释了辉瑞疫苗有效率 90% 到底意味着什么，mRNA 疫苗、DNA 疫苗、减毒疫苗的区别以及灭活疫苗的免疫机理和安全性。这样深入浅出的讲解很适合非专业的听众。解教授边带娃边做讲座，她渊博的知识令人敬佩，她的耐心也拉近了我们的距离。

11 月 21 日是第四讲——Common Cardiovascular Diseases：Heart Attack and Others（常见心血管疾病：心肌梗塞及其他），主讲人：IU Arnett 医院心脏科武兵医生。心血管疾病长期以来一直是导致人类死亡的第一杀手，武医生提前一周就向大家征集问题，还花了一夜准备讲座内容，讲座参加人数也创了纪录。

讲座逾两小时，超出 1.5 小时的预定时间。武医生从预防、发现、诊断到治疗，系统讲解了心血管疾病的基础理论和临床表现。他还解答了如下问题：如何增强心脏功能？运动和饮食对心脏的影响？如何降低 LDL？ 如何增加 HDL？ 降胆固醇的药可以长期服用吗？如何降低风险？甘油三酯和胆固醇的关系？胆固醇和遗传的关系？房颤可以根治吗？正常人需要吃低剂量的阿司匹林吗？讲座激起了大家对健康主题的兴趣。感恩节在即，武医生以白孔雀舞蹈视频结束，增添了节日气氛。

11 月 30 日是第五讲——病毒和病毒性疾病简介，主讲人：普渡大学生物系罗招庆教授。罗教授长期从事传染病研究，谙熟病毒的致病机理。他从最早发现的烟草花叶病毒讲起，到艾滋病病毒和导致现今大流行的新冠病毒。他用实例讲解了病毒疫苗研发的主要节点。大家提问：新冠感染是如何发生的？新冠病毒和其它冠状病毒是什么关系？艾滋病为什么很难治愈？病毒疫苗的基本原理和安全性？mRNA 疫苗和传统疫苗的区别？罗教授一一作答，让我们对病毒给人类的危害和新冠疫苗有了进一步的认识。

12 月 7 日是第六讲——1800 年的美国总统大选，主讲人：普渡大学计算机系李宁辉教授。李教授原来整理了三个与他的专业有关的话题，后来又提出讲与 2020 年大选有很多相似之处的 1800 年的大选。这个题目回顾历史，又切合当下，受到了大家的欢迎。李教授用历史故事重现了 220 年前的美国——社会严重分裂，党争激烈，群体对立。在选举年，在任总统 John Adams 决心与法国议和，做出了断送自己的政治生命但对国家有利的选择。当时美国人口 530 万，选票却不到 8 万，政府掌握在少数精英手里。选举结果无法被选举人团确认，众议院经过 36 轮投票才最后选出新的下一任总统。讲座后，李教授用微信和大家一起讨论美国现在的分裂状态，何时、如何才能恢复正常？计算机专业的李教授如此通古博今让听众大开眼界，同时引起了大家对历史的兴趣。

12月14日是第七讲——“你抢够/购了吗？疫情对食物供应链的影响”，主讲人：普渡大学农业经济系王红教授。那时，虽然辉瑞疫苗首次在美国接种，但每天新增感染人数仍在二十万左右。寒冷的冬季和严峻的疫情，我们还需要再抢购吗？王教授讲解了食物链中的各项成本以及影响食物价格的因素，介绍了受到疫情严重影响的餐饮业在食物链中的副作用，一波又一波的抢购消费行为背后的心理作用和经济原因，在灾难面前如何合理消费。她的讲解浅显易懂又接地气、长知识。

近两个月的 Zoom 讲座活动，老朋友们更加亲近，新朋友们带来了新友情新话题。七个主题讲座涵盖了七个领域，每一讲都给我们充电赋能。在疫情猖獗的2020年，这些难忘的讲座让我们忘记了生活的不易和心理上的不安，在增长知识的同时，为我们留下了美好记忆，让我们保持对未来的生活的阳光憧憬。

2020 居家杂记

李顺

作者简介 北京医科大学药学院毕业。1989 年来美，获普渡大学化学硕士，受聘于礼来公司从事糖尿病药物研发逾 25 年。2018 年退休后成为房地产经纪人。热心助人，认真负责，作事严谨。业余享受和朋友家人团聚，还喜欢“活到老学到老”，参加国标和拉丁舞训练表演 10 多年。

2020 年的新冠病毒，横扫全球，至今已夺走了 150 多万生命。小小的病毒，改变了人们的生活，也让我们重新思考人生的意义。人为什么活着，什么是幸福?

小小口罩见真情

2020 年初，中国武汉传来可怕的新冠病毒消息。大家为武汉加油，募捐，寄口罩和防护用具。很快，美国在 2 月份也发现了新冠病例。没想到我们也亲身经历了食品架子、退烧药架子、卫生纸架子，全部空空荡荡的情景。等我意识到病毒就在我们身边，自己也需要买口罩的时候，由于货物短缺，口罩已经买不到了。我给德州的白姐打电话。本来只想唠叨几句，没想到她马上主动提出给我寄一盒非医用口罩。白姐有个小工厂，专门生产钙粉等健康产品，生产线上的工人每天都要戴口罩，所以她手上有点存货。当我收到白姐寄来的珍贵的口罩后，十分感慨地在微信朋友圈里发了一条消息。在 IUPUI 念书的大侄儿看到信息，马上分给我他手上的 N95 口罩。查经班的姐妹霞给我写短信说："顺，你是房地产经纪人，接触的人多，把我的 N95 口罩给你用吧。"我回答她："你近年来身体有病，你更需要 N95，还是留着自己用吧。"唐露姐妹们也主动提出分享给我她们的口罩，静妹妹马上开车来我家送给我她手上有限的口罩和手套。当我手上有了口罩以后，也分享给其他需要口罩的朋友亲人。在困难的时候，在新冠初期对病毒没有太多认知的情况下，能有这么多亲朋好友拔刀相助，让我深深体会到人情的温暖和美好。疫情虽然严酷，但它挡不住人性的真善美。

买保险

眼看病毒夺走了无数的生命，有年老的，也有年轻的，有穷人，也有富豪。我问自己，在这个世界上，什么对我最重要？如果新冠侵犯了我的身体，夺走了我的生命，我希望给这个世界留下什么？作为一个中国妈妈，很自然想到的就是宝贝女儿。以前在药厂工作时，我每年保 5 倍工资的人寿保险给女儿，离开礼来时，孩子也大了，所以没有继续买保险。因为新冠，我决定为女儿买生命保险。疫情让我们反思，什么是生活中最宝贵的。

申请保险需要体检，为了锻炼身体，以防拖累他人，我已经坚持每天手拿哑铃，户外走路一万步的计划。疫情期间，病毒可怕，但天气还是不错的。今年暖冬，夏天天气也很温和。从三月份到现在，我除了每天坚持走路，每周还跳网络舞。当 6 月份体检查血时，各项指标均在正常绿线之内，所以得到了我们年龄组最优惠的保险。首付 2 万 6 千多刀，这是平生第一次非常盼望快点交钱；而且付款之后，马上就买来了极大的欣慰和快乐，真像吃了颗定心丸一样。心里告慰自己，如果今天我万一“光荣”了，尽管女儿会很悲伤，但是她的钱包会厚一点，她会深深地体会到妈妈的爱。

女儿回城

女儿大学毕业后搬到德州，一晃 5 年过去了。去年圣诞节之后，女儿计划 2020 年每两个月回印城一次，既参加朋友的婚礼，也可多花些时间和妈妈在一起。新冠疫情改变了女儿的计划，4 月、6 月和 8 月的婚礼被取消，10 月份女儿回家参加一个大学同学的婚礼。这次是女儿一个人回来的。她在家住了两周。给我俩留下了许多难忘的回忆。我问她想去哪儿，她说去哪儿不重要，只是我们在一起就好。每天午饭之后，她陪我外出散步，问我好多问题，尤其对我的童年非常感兴趣。她问我小时候的朋友什么样？我爱玩什么？爱吃什么？对我的妈妈的回忆？她特别想了解妈妈的路是怎么走过来的。

我和女儿

她来时正赶上中秋佳节。我从来没做过月饼，女儿看到速阿姨、小宇阿姨做的漂亮月饼，一个劲鼓励我试试。感谢速姐妹们的配方，感谢婷妹妹的模子，也感谢小宇闺蜜的指点，第一批月

饼出炉了。头一次因为刷蛋黄不得当，月饼的图案全模糊了。速鼓励我说：“会做胰岛素实验的你，这点月饼算是小菜一碟，一定能行。”结果第二批月饼就像模像样了，而且配方健康，味道鲜美。

双十节那天女儿去参加婚礼。和她高中最要好的朋友 Rania 一起去的。婚礼在晚上 10 点 10 分结束，给每家发的礼物是洗手液，上面写着：“病毒传染力极强，但是爱的感染力更棒。”婚礼后她的好友 Rania 约她住一夜，因为第二天就是 Rania 的生日。女儿问我是否同意，我说当然行啦。女儿在妈妈和好友两边，都想考虑到，照顾好。她打电话和我商量，我告诉她：“你放心好好玩，妈知道你开心，妈也开心。现在妈妈身体健康正当年，你想干什么就干什么。如果有一天，妈妈七老八十，病在床上走不动，你声称来看我，却把我凉在一边，那我会有意见的。”看到女儿长大了，为人处事以及和别人交流都非常得体，最关键的是她很善良，有爱心，而且天性快乐，让我感到欣慰。

女儿上卡梅尔高中时，有缝纫课，她挺喜欢。第一个作品就是给妈妈缝了条睡裤，这条粉色的裤子，我至今还保留着。前两年，我买了个新高科技缝纫机，可是我对这玩意儿用得不熟。女儿回来教我换底线，做花边，很开心。疫情严重，我们决定一起缝

口罩。正是收获的季节，口罩上有丰收的果实的图案。我们母女俩一起快乐地缝口罩，还分享给女儿的大学同学。她的同学可喜欢了。

感恩节之行

政府因新冠发出居家令以后我们几乎哪儿也没去。每天走一万步，探讨一些健康饮食，慢慢地似乎也适应了这种平平淡淡的生活。感恩节快到了，我先生老胡想去看看他儿子儿媳和小孙女。我一口答应他，一起开车去乔治亚州和他们见面。老胡小儿子 Jeremy 在十来岁的时候，亲妈得了癌症，不幸离开了人世。他 18 岁那年，老胡又搬到印第安纳州，父母都不在身边，生活不容易。

一转眼 10 年了。这小儿子很争气，大学毕业后又读了研究生。他是一个特别乐观开朗的小伙子，在大学遇上了一位好姑娘 Hannah，两人都是教师专业。Hannah 是幼儿教育，Jeremy 想当历史老师。大学毕业时我对 Jeremy 说："如果想教你喜欢的专业，那么一定要离开乔州杰克森（Jackson, Georgia）这个小城。因为

Hannah 和女儿

全城只有一个高中，只要历史老师在，你就不会有工作。”大学毕业后他搬到了 Hannah 父母住的北卡，Scaly mountain，这个小城比杰克森好点，是一个旅游景点，但学校也不怎么样。2014 年底 Jeremy 和 Hannah 喜结良缘。小两口都没找到当老师的工作，但是一起过着简单幸福的生活。Jeremy 第一份工作是在沃尔玛帮人家推车，挣钱少，对大学生来说有点大材小用，但儿媳妇乐观地告诉我，Jeremy 每天推车是体力活，锻炼身体长肌肉，还减肥。

两年前他们生了一个女儿，我们第一次去看望时，她只会吃睡哭。这次再见面，简直让我们刮目相看。Hannah父母在乔州 Hiawassee旅游城有个小房子，平时空着。因为疫情严重，我们决定借住在那儿，小房子离Jeremy Hannah家只 40 多分钟的车程。小孙女 13 个月的时候，Hannah开始每天一对一教小宝贝 ABC……数数，哑语、颜色、动物叫声等等。这小脑瓜像海绵一样吸收丰富的知识，现在才两岁的小家伙，已经掌握了所有字母 A到Z，可以数数到十几，知道红橙黄绿青蓝紫所有颜色，会模仿十几种动物的叫声。她有极强的好奇心，问得最多的一个问题就是：“这个是什么？”要么就是：“请给我念书讲故事。”我给她买了字母和数学的拼图游戏（puzzle），看小宝宝这么聪明，心里有点后悔，应该给小神童买难度更大的玩具。Hannah劝我说：“你放心，这个有用。两岁孩子看东西会是镜像，不会一下子把字母和数字放到正确的位置。”果然，这小家伙要转几下，才把字母或数字放回正确的位置。我还给她买了画画的铅笔、彩笔、水彩套餐，小姑娘特别喜欢。

小姑娘词汇丰富，理解力很强，应该归功于她的父母。Jeremy 和 Hannah 对小宝宝非常有耐心。有一天老胡开车有点快，拐弯有点急，小姑娘说："爷爷，too fast！"；去游乐场时我戴上墨镜，小姑娘评论："奶奶，cool glasses!"；从外面玩回家，一口气喝了好多果汁饮料，她拍拍自己小肚子说："MartyJo, slow down，relax!"。我从印城带了石榴给她吃，她从来没见过石榴。我问她要不要尝尝，她点头，吃了几粒，特别喜欢，连声说："Yummy! More! What's that? "我告诉她石榴的英文。她小脑瓜转了几下，然后准确地说："Yummy，pomegranate! "有一天早上她妈妈打个喷嚏，小宝宝说："Bless you! Mommy, ok? "

Hannah 说女儿喜欢和大小孩玩，因为同龄的小朋友都不太会表达自己。我建议 Hannah 送这小姑娘去参加比赛。不知如果有一天她成名，获奖，得到一笔钱，她的人生会比今天更幸福吗?

感恩节一早，我们告别了可爱的小孙女，告别了 Jeremy 和 Hannah。因为疫情，我们提前过感恩节，和他们一家在一起享受了几天美好的时间。

550 英里车程，有蓝天白云美景相伴，我们心里充满无限的感恩，顺利返回印城。疫情教我们懂得珍惜，珍惜每一份情。

Nutcracker with a Twist

—The Only Option

Alexandra Tarnowski

About the Author: Born and raised in Old Bridge, New Jersey, Alexandra "Ola" started her dance training at 3. She attended the prestigious Butler University dance program and graduated with a B.S. in Dance Arts Administration. Since graduating, she danced professionally as well as taught and choreographed in Indianapolis area and in 2020 founded Ballet INitiative.

One might say starting a business that mostly relies on public gatherings in the year of an international pandemic might not be a wise decision…then again, one might not have much of a choice unless one wants to leave their chosen field they've worked in their entire life.

These were the two options presented to me in the summer of 2020: A) Walk away from dancing ballet professionally forever; or B) Join up with some friends from my previous ballet company and start our own organization. After 20 years of training, moving across the country to obtain a degree in dance from one of the top collegiate dance programs in the country, and only two young years actually in the profession, I'm sure you could see why I barely felt the fear of the virus as I signed on to start this company. By that time, I hadn't been into a dance studio in four months. I lost my teaching jobs and only had one offer at a new company in a different state, which would require uprooting my boyfriend and our two cats to an unfamiliar, lonely little city in a state with skyrocketing cases.

If there's one thing we're all learning about 2020, however, it's how to be adaptable. Professional dance has not been, currently isn't, and never will look the same again after this pandemic. Our world is already so small, ignored, and underfunded, it's likely many dance companies will close their doors forever, and many dancers will never dance again in exchange for a life of sedentary desk work or minimum-wage busy work. Who were once gods among mortals will now stagger through life as zombies, losing more and more hope as their bodies start to fade away from the muscles and flexibility, they all once took for granted, never again feeling their bodies rotate on the surface of satin or fly through the air of a sweaty studio? I wasn't about to become one of them.

Flames Around Us

We officially opened on August 17th. I, along with four other incredibly talented and resilient dancers, founded and run the organization to this day. Our biggest goal: to put on a *Nutcracker* in December of 2020. We are fortunate enough to have some wonderful, amazing partners in this field; a local school who graciously allows us to rehearse in their space during the day in exchange for their students to perform with us, and a small black box theatre nearby allowing us any dates at the theatre that weren't already booked. That meant we had one Friday in September, one Friday in October, and two whole weekends in December.

We started with two small variety performances in September and October, each about an hour and including mixed styles of dance along with some local singers, actors, and musicians. At that point, people in Indiana were acting as if the virus was no longer an issue. Aside from mask wearing (and very lazily at that), you would think there wasn't an issue if you saw it as well: packed bars and restaurants, strangers brushing up against each other, people hosting birthday parties and gatherings again. The start of the school year brought students back to in-school learning and stores no longer counted capacities. The world going up in flames around us, and we so desperately held onto our December dates as the only hope in the fire.

And Ours Did

We had our concept easily from the beginning: to be different in every way possible. Indianapolis is actually home to quite a few wonderful dance companies, and more dance schools than cornfields. In a normal year, every single one of these organizations puts on a

Nutcracker, and every one of these organizations puts on *the same exact Nutcracker:* the exhausted, 19th-century blatantly racist and out-of-touch holiday classic that brings everybody and their grandmother to appreciate what ballet dancers do for about two hours every year but produces a revenue that sustains a dance organization for an entire season. *The Nutcracker* is every company's money-maker that allows us to do whatever we want the remainder of the year. After the year everyone just had, every organization needed that revenue to continue on into the spring, and every human being needed that holiday magic and nostalgia to get them through whatever comes next. And if you're competing with 30 other *Nutcrackers,* yours better stand out. And ours did.

Thus, we chose our title: *Nutcracker with a Twist*, to showcase that our show would not be like all the others. And rightfully so, as our show has multiple twists: Set in the 1920s, our music is partially the original Tchaikovsky score mixed in with Duke Ellington's jazz interpretation of the classical pieces. Our show opened with the Party Scene filled with flappers, prohibition-era booze, and a record player. We had our wonderful students perform hip-hop and tap as Mice and Soldiers in the Battle Scene, which allowed me to dust off my tap shoes and perform as the female-Nutcracker and lead their army against the Rat Queen. Then our Kingdom of the Sweets in Act II opened with a jazzy Sugar Plum Fairy, performed to once again Duke Ellington's jazz interpretation of Tchaikovsky's original twinkling Sugar Plum music. The usual country dances of Act II were completely remade to rid the ballet of all cultural appropriation and offensive material, and instead transformed into a candy or food that best matched their music. Our overarching theme for the show was about the friendship between the main character Clara and the Nutcracker, raising each other up to be their best selves, and the importance and power of female friendships. I could not be prouder of the product we produced.

Then Again, And Again

As November came bustling in with the cold, cases started rising at unprecedented rates. Things were worse than in March, yet we were still all going out to bars and restaurants without a care in the world. When new coronavirus regulations were put into place, we had to lower our audience capacity. And then again, and again. Theatres were closing left and right, and those other 30 Nutcrackers started dropping out one by one. Our dancers now had to wear clear

faceguards on stage, and we struggled to social distance in the tiny backstage area.

With the county's newest regulations by Thanksgiving, our theatre space could only include 50 people inside the building at all times. That includes the performers, production staff, other theatre staff, and audience members, which reduced our audience capacity to about 15-20 people each night. With that, we had to stop selling tickets, because our capacity had already been reached with these new numbers. Tickets had only been on sale for about two weeks, and most of these ticketholders were parents of students. Our own families and friends had not even purchased tickets yet. We scrambled to reimburse and appease unhappy patrons and came up with the plan to record a rehearsal in the theatre and sell tickets to it as a virtual option, as many performing organizations have done this year.

When it finally reached the very first weekend of performances, I had never felt more anxious to get a show over with. This was the first time I wasn't just a dancer, I was a choreographer, director, producer, administrator, and the lead in the production dancing both tap and ballet. The five of us founders were at our wit's end, struggling to not only put this show together for all the students and other professionals involved, but for the community and our business. A lot was riding on this world premiere performance, and I don't recall my time on stage as much as I do all of the preparations backstage and taking care of everyone else.

By the time of the second weekend of performances, we came to the theatre with a much clearer head than the first time around. I finally felt like I could let go of all the business worry and finally be fully present in the performance. Although our audience was small, we were able to perform all five scheduled performances of our Nutcracker without any Covid issues. We were the only Nutcracker in the greater Indianapolis area to successfully and safely perform all scheduled performances without having to cancel or change our original performance plan.

The Beginning

It was a historic and momentous performance for our organization and the community in this time of live performance. I've learned that the arts are by far essential to the human experience, and that in time of fear and worry people turn to the arts for comfort, creativity, and catharsis. I am so proud that I get to be the person who delivers the arts to our community during this horrifying time, and I look forward to creating more art far beyond this pandemic. Whatever other evil our society faces in my lifetime, I will surely make a ballet about it.

新一代

我多想……

吕佳音（Angela Lu，6 岁）

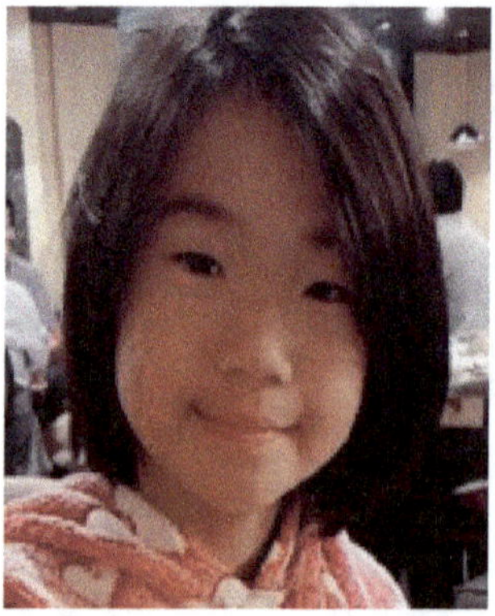

爸爸告诉我，
yì (疫)苗快出来了。
我多想病 dú (毒)马上消失，
我就可 yǐ (以)坐大飞机，
去中国看我的爷爷奶奶了。
妈妈告诉我，
病 dú (毒)没了的时 hou (候)，
我就可 yǐ (以)去学校上学了。
我多想去学校上学，
我就可 yǐ (以)和小朋友们玩了。

我多想……

刘菲娅（Sophia Liu，6 岁）

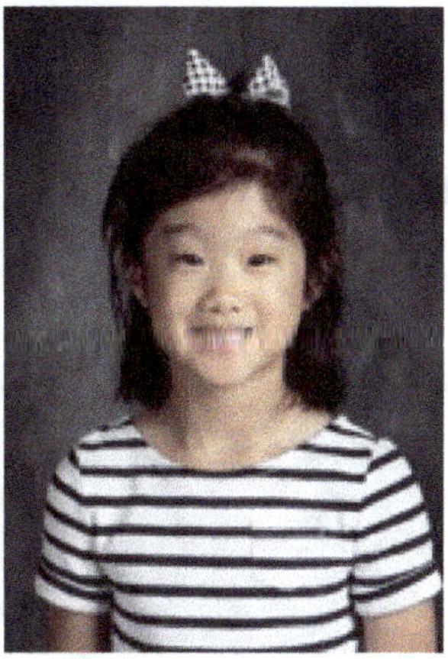

2020，

COVID-19 gǎi biàn（改变）了我的生 huó（活）和学习。

我多想去学 xiào （校），

不过，

我可以在 jiā（家）里用 Zoom 上课。

在 Zoom 课上，

我也可以看见小伙伴和 lǎo shī（老师），

lǎo shī（老师）讲的 gù shì（故事）

一样 yǒu qù （有趣）。

万圣节，我多想出去 yào（要） táng（糖），

不过，

我可以在好朋友 jiā（家）的后 yuàn（院） 儿

找 táng（糖）。

táng（糖）一样多，一样 tián（甜），

我玩儿 de（得） 好开心！

别的小朋友也是这样吗?

生 huó（活）和学习也 fā（发）生了大 biàn（变）化吗?

我的 2020 年

刘凯笛（Katie Liu，7 岁）
West Lafayette Elementary School

我总是盼望着新年，因为新年到了，我的生日也快到了。2020 年，我的生日聚会开在蹦蹦床乐园，我和我的朋友们一起高兴地蹦啊跳啊。就像往年一样，2020 年有一个快乐的开始。

可是万万没想到很快全世界爆发了新冠病毒。我的春节演出取消了，课外活动取消了，春假以后我们的学校也全改成了网课。我不再能和朋友一起玩，只能在网上和她们聊聊天。很高兴学校的老师都很好，我很快就适应了网课。我在网上学习，听老师讲故事，上体育课，学跳舞。中文学习也给我带来很多快乐，我还迷上了看漫画书。我要感谢老师让我在家里也可以继续学习，我要感谢勇敢的医务工作者治疗新冠病人，我要感谢 essential workers 让我在家还有冰淇淋吃。

这一年我们一家主要在家附近活动。房前屋后，小区里，公园里都是我们常去的地方。有一次我还在公园里碰见了我的好朋友薇薇。我们都高兴地蹦起来了，围着对方蹦啊跳啊。我们要是能抱一抱，该有多好啊！ 过去的一年我和哥哥迷上了骑自行车，平衡车，还学会了好玩的两轮滑板 。

2020 年冬天的第一场雪来得有些晚。前两天我一觉醒来，树变白了，屋顶变白了，大地也变白了。我感觉一下子进入了一个糖果世界，门前的 stop sign 变成了棒棒糖，房子变成了姜饼屋，大地变成了一个巨大的奶油蛋糕。我想像我和哥哥就是住在姜饼屋里的小人。早饭后我和哥哥就迫不及待地跑到外面去，堆雪人打雪仗。小区里的小朋友们也跑出来了，在门口跑啊追啊，就和往年一样。我感觉所有的烦恼都忘记了，一场大雪扫去了一年的不快乐。

不同寻常的 2020 年

祁姝慧（Sophie Qi, 7 岁）
West Lafayette Elementary School

2020 年是不同寻常的一年。往年，我可以在学校上课。但是今年，因为疫情我得在家里上网课。在学校上课时，老师一直在旁边，我们随时都可以提问。而且，也可以见到朋友，课间能和他们一起玩。在家里上课的时候，电脑是我们的课堂。每天老师在视频会议和我们见面，给我们讲课并布置作业，所有的功课都在电脑上完成。在电脑上，我可以和同学们聊天，编程，看好笑的视频。

每年夏天，我最期待的事就是去参加夏令营。夏令营里有很多有趣的活动，比如游泳、攀岩、烹饪、手工……可是今年不能去了。今年夏天，我和家人一起做了些有趣的事。我们去了 Turkey Run 州立公园爬山，看到了很多奇怪的岩石结构。我最喜欢的一段路有溪水流过，两边是光滑的大石头，我们踩着水里的石头，小心地走着，很难走。秋天的时候，我和外婆一起去我家附近的公园散步，我们会捡一些好看的树叶，做各种树叶画，非常有趣。

虽然今年没有在学校上课，我还是学到了很多新的知识和技能。我也很享受和家人在一起的时光。最棒的是我不用每天大清早就起床赶校车！

但我还是希望疫情快快结束，可以回到学校和朋友们一起学习玩乐。

疫情中的好事和坏事

刘九洛（Serena Liu, 8 岁）
West Lafayette Elementary School

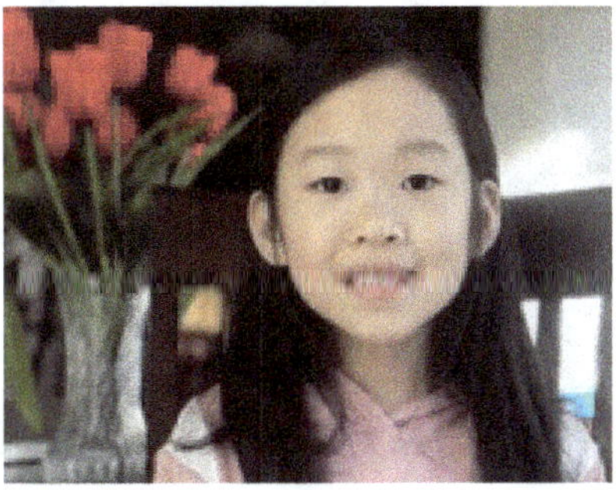

从三月份，开始在家里隔离了。现在已经九个月，我都已经习惯了天天在家的日子了。在隔离期间有好事也有坏事。先说说好事情吧。

我们在家上网课。可以 8:50 起来，现在我可以多睡一个小时！不用早早地爬起来赶校车，而是可以在温暖的被窝里多睡一个小时。好幸福啊！

我起来上完 Zoom 的课，再把作业做完，就可以自由自在地做我喜欢的事了，像读书、编程和做 YouTube 视频。

我在疫情期间已经读了四套书：《Harry Potter》，《Percy Jackson》，《The Heroes of Olympus》，和《The Trials of Apollo》。我特别喜欢这些书，因为书里都有魔法，怪兽，各种性格的人物，惊心动魄的情节，还有很多搞笑的片段。有时候我读得太入迷了，什么事都不想管。

我在疫情里也做了一个 YouTube Channel：Jiuluoart。我到目前为止一共做了十个视频。其中最受欢迎的视频是 Masks in school，在这个视频里，我画了好多种错误的戴口罩方法，比如戴在头上，眼睛上，露出鼻子，等等。当我把它上传到 YouTube 上时没想到它会那么受欢迎，现在已经有 181 个人看过， 23 个人点赞，我特别开心！

可是我们都知道如果有好事也就有坏事。

疫情里的坏事是，很多人都因为疫情生病甚至失去生命。我不能出门去商店，溜冰场，电影院，餐馆，学校，等等。最糟糕的是我不能见我的朋友，和她们在一起。我们只能网上聊天，上课，和玩游戏。我最喜欢的体操课也不能上了。

我希望疫情赶紧过去，大家都平平安安，我可以回到学校和朋友们玩儿。

猫家的日子

刘九如（Helena Liu，10 岁）
West Lafayette Intermediate School

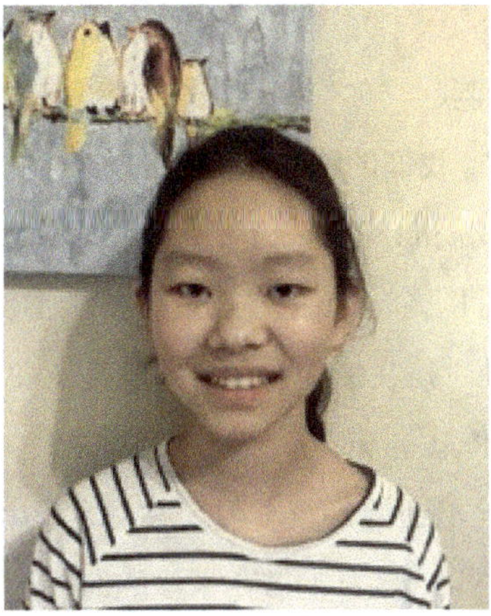

2019 年，我们家过得挺开心。我们周游世界，到很多地方旅行；回到家里还经常和朋友一起聚会玩耍。但一到 2020 年的时候，一切都改变了。

在武汉，新冠肺炎爆发了。人们发现这个新冠肺炎是致命的，而且传播速度飞快！开始只是武汉有很多，又传遍了全中国，传给了整个亚洲地区，比如日本和韩国。过了几天，病毒也在欧洲传开了！好多人都去欧洲旅行。然后，美国也出现越来越多的新冠肺炎，每天都会有很多人因此死去。

轻松的猫家日子

当新冠在美国越来越多的时候，我的爸爸妈妈非常担心。我和哥哥妹妹在春假前一天退出了学校。也放弃了芭蕾舞，篮球，和其他课外活动。有几个同学听说我要退学，惊讶地说："不必退学，这个新冠病毒不过是一个类似流感的病毒呢！"

退出学校后，我们又到超市疯狂购物。我们买了米面，菜和肉，在中国店买了很多调味品，面条和零食。有一个商店阿姨戴着一个口罩，头上扣了一个透明的塑料袋，双重保险，我很佩服。另一个阿姨笑着问我："你们买这么多东西？"

呃……确实，我们的购物筐里面的东西像一个小山一样了。

我回答："我们准备回家猫着吃。"

回家了，我们三个小孩把自己要做的事情都写上了本子。准备猫在家里学习。猫在家里真不错! 要是还在上学我们就需要6:45 起来，7:00 吃饭再去赶校车。猫在家里爽多了，12:00 才起来，1 点吃饭，哪里还要赶校车呢？我们学校 2:30 放学，但我们猫在家里两点才开始学习。猫在家里的时候，我们都做完正经事，就可以玩了! 想读什么书就读什么书。我用编程做出了一个关于新冠肺炎的小视频，居然在那个编码社区上火了，现在都有上百个人看了!

春假过后，学校全部变成了网课。但比起平时，仍然很轻松，每天只有很短的课和很少的作业。然后是长长的自由自在的暑假。猫在家的日子真爽，没事就躺在沙发上休息或者看小说或者钻进一个电脑里看 YouTube 或者画画。

紧张的猫家日子

好景不长，暑假之后，学校决定开始上更加严格的网课。

以前的自由都消失了。我每天不到 8 点就要起来，早饭都顾不得吃，就坐在电脑面前揉着眼睛进入课堂。我上课的时候，经常感觉还没睡醒，什么都听不进去。只听老师呜里哇啦说个不停。

每天，我都会有一大堆作业，语文做完了就要做数学，数学做完了就要做科学，科学做完了还有历史…… 一切都搞得我天天无精打采，头晕眼花。做作业的时候因为在电脑上，也容易走神，一会儿喝点水，一会儿吃个苹果，一会儿画画，一会儿又搜搜网。不知不觉，一天就过去了，作业还没有完成，只好熬夜赶作业。

最糟糕的是大提琴，我们在学校参加乐队的时候，只是上个课而已，大家在一起合奏，而且没有作业，轻松有趣。而上网课的时候，大提琴课每周都有三四个作业，我想："我还有语文，数学，科学，和历史更重要的功课，大提琴作业我明天再做吧。"于是那些作业被我忘到九霄云外。渐渐地，作业越积越多，等我打开作业的时候，那三四个作业居然变成了 30 个！我简直都不知道从何下手！妈妈发现了我的困难，给我请了一个网上大提琴老师带我练习曲子，才终于把欠的一屁股债还了。下周一是学期的最后一天，当我打开大提琴作业的时候，惊奇地发现，居然又出现了三个新作业没有做！

等我终于做完学校的作业，正想享受一下周末的美好时光，但再一看，啊——，还有中文作业没有做！生字没写完，实践园地没写完，作文也没有写完！就这样，我用整个星期五下午和晚上来做中文作业。

星期六不用上网课，终于可以睡个懒觉了。我正睡得香，突然，妹妹在门口大喊大叫："练钢琴了！Trio！马上要上钢琴课了！"哎，还有钢琴没练好。

除了学习的困难，疫情期间我和我的朋友们不能见面，我们只在网上联系，商量学习，聊天，打游戏。

疫情给我们带来了很多不方便，可是世界上有很多人都已经在死亡的脚下……学习有困难和见不到朋友都不是什么大事，我们一定要珍惜生命，继续猫在家里。

我的 2020

刘凯闻（Kevin Liu，11 岁）
West Lafayette Intermediate School

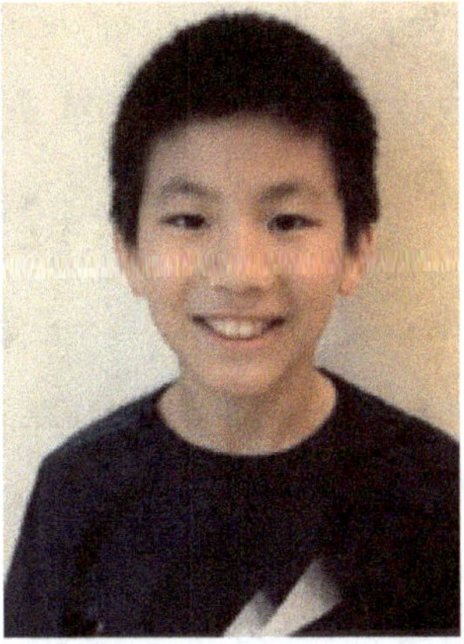

我本来以为 2020 年，一个新的十年的开始，将是很好的一年。结果世界上发生了一大堆事不如人意， 比如新冠病毒全球大爆发，澳大利亚野火，和美国民权抗议等等。

由于新冠病毒的爆发，从三月份开始，我和妹妹就呆在家里远程学习。很多人不喜欢远程学习，但是我觉得还挺好的。我不用早早地爬起来赶校车，还学会了好多有用的程序，掌握了很多网上的资源，像 Zoom 和 Google Meet。自由的时间也多了，我学会了玩各种各样的玩具，比如滑板和平衡车。我还第一次学会了做饭 —— 我最爱的意大利面。在家里上网课最大的坏处是不能跟朋友玩。 有一次我在公园里见到了一个好朋友，虽然我们很想一起玩，但是也只能远远地打个招呼，相互问候一番。所有的派对都在网上，跟现场的差远了。感恩节聚会，我和朋友们只能在 Zoom 上看对方吃饭，虽然也很新奇，但是还是觉得怪怪的，不像往年我们可以一起打闹， 一起玩游戏。

尽管 2020 年世界到处都很不太平，我和家人都还挺好的。生活没有以前方便了，但是比起遭受病毒折磨的人们，我们还是很幸运的。我要感谢我的老师们让我可以在家里上网课；我要感谢 essential workers，我们才可以在家里正常生活；我要感谢科学家们研发疫苗， 给我们的生活带来希望；我尤其要感谢医务人员，冒着生命危险，来治疗新冠病人。

新年就要到了，我希望在 2021 年，新冠病毒的疫苗会彻底消灭新冠病毒。我盼望着回到校园上学，我盼望着到处旅游，我盼望着跟朋友玩，我盼望着开派对。2021 年必将是美好的一年。

理想 2021

新冠病毒都死掉，
游戏一玩一通宵，
糖果纷纷天上掉，
快乐生活哈哈笑。

我变成了一个新冠病毒

刘九思（Edward Liu，12 岁）
West Lafayette Junior/Senior High School

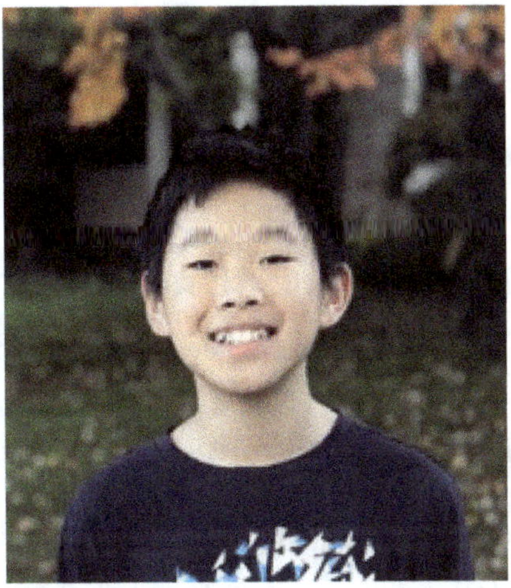

我的周围一片漆黑，我感觉不到我的四肢了，我也不能动了。我惊慌失措："我在哪里？我为什么不能动？"忽然，一束耀眼的光射到我的身上，让我什么都看不见。紧接着，有一个震耳欲聋的"啊——嚏！"一股强大的气流把我和湿漉漉黏糊糊的东西一起发射出去。外面就更亮了，阳光灿烂，我定了定神，往回看，看见了一个巨人正在擦鼻涕，原来我是从他的鼻子里喷出来的。我环视四周，发现在我身边飘着无数个小球，每一个都有灰色的身体，又布满了红色的凸起。我心想："呃？这不是新冠病毒吗？"我又看了看自己，发现我和这些小球长得一模一样。啊！

我居然变成了一个新冠病毒！

在空中飘了一会儿后，在阳光的照射下我开始感觉有点不舒服，这个不舒服很快地变成了痛苦，又过了 5 分钟，我全身都很疼，眼睛都快睁不开了，我感觉都快要死了。风把我吹到了一个人的手上，过了一会儿，他就用手揉了揉鼻子，我从他的手进入他的鼻腔。哇，好舒服啊！在他的身体里时，我忽然感觉起死回生，不再那么痛苦了。这里的环境好舒服呀！多么湿润，多么温暖，我真想在这里待一辈子！

顺着他的呼吸，我进入了一个有很多泡泡的大屋子里，这些泡泡里更温暖，更湿润，我如鱼得水在小泡泡之间东游西荡，我身上的小刺扎在泡泡上，我身上红色的凸起开始到处散落。很快，这些红色的小块居然长成了和我长得一摸一样的灰色小球。我对它们说："你好，我是新冠病毒。"它们异口同声地回答："你好，我是新冠病毒。"

我正想和我的新朋友们玩一会儿，我和很多的朋友们就被一个咳嗽带出了温暖的小泡泡，回到了外面的世界。我环视周围，原来我是在一个机场，我和我的朋友在这里就告别了，我们跟着旅客，个个都飞往世界各地；法国，美国，德国，俄国，加拿大，日本，巴西等，有几个最倒霉的朋友，一头撞上了大口罩，后来不幸死了，还有几个被肥皂杀死了，错过了国际旅行。

听广播说，我的弟兄们已经遍布全世界了，已经导致了上百万人死去，我们也不知道为什么会杀死这么多人，我们只想找个地方住而已。听说科学家正在研究一种杀死我们的药和帮助身体抵制我们的疫苗。以后，看来我们旅行会越来越困难。

An Unorthodox New Beginning

韩玫玫 Mae-Mae Han

Mae-Mae Han is a first generation Chinese American from the central Indiana area. She graduated from Zionsville High School in 2019 and currently attends Butler University, majoring in pre-pharmacy and minoring in political science. In her free time, she enjoys creating original music, playing Tetris, and petting cute cats.

People often speak of college as a new beginning — a new chapter in the story of your life, a new environment to grow into your full potential, a new group of friends, all new, new, new.

Graduating high school in May 2019, I was nervous yet excited to embark on this *new journey* as I was beginning college the following August. Over the summer, I spent an embarrassing amount of time watching YouTube videos about "10 Things EVERY College Student Needs!" and "Dorm Room Essentials!" and "5 Tips to Surviving Your First Year of College!"

Nonetheless, I tried to temper my expectations and keep an open mind about how *my* college experience — and *not* the experience of a blonde, white UCLA sorority YouTuber — was going to go. Still, I was inevitably caught off guard by my freshman year of college.

After all, no YouTube video could have prepared me for the COVID-19 pandemic.

At the end of 2019, my mom told me about the coronavirus epidemic in Wuhan. While any epidemic is worrying, I at least didn't need to be personally concerned since none of my relatives lives in Hubei. Oh, how foolish I was.

Lunar New Year 2020 came and went, and while many of the local Chinese organizations cancelled their celebrations, I went through with the one that I had worked so hard to organize as the acting president of my school's Asian student club. In the following weeks, the virus spread ... and spread ... and spread. However, to be completely honest, the spread of anti-Chinese sentiment that arose as a result of the coronavirus was — and still is — one of the biggest worries for me, and especially as a young activist sort of person, it was an added burden on top of my already heavy academic course load — a little ironic since I actually was taking a political science class about activism!

Finally, in early March, it was time for spring break, and I was excited to *finally* have a brief reprieve from the academic stresses of the semester. Of course, because the universe holds something against us Hoosiers, the very first case of coronavirus was announced the *very* same exact day that we went home for break. All of us students had returned home expecting to be back on campus and back to our friends in a week or so. However, that "a week or so" turned into an extended two-week break as my university's administration scrambled to figure out a plan, and that extended two-week break turned into five and a half months as the rest of the spring and summer semesters transitioned to be fully online.

I'm really thankful that my professors were all very understanding of the situation and decreased our workload accordingly for the rest of the spring semester. For the next several months, I could feel my productivity and motivation plummeting. However, beyond school, the inverse climb of anti-Asian hate crimes and hate speech ... even from government officials ... was what truly pained my heart. In particular, it felt like *all* of these terrible things were happening to my community, to my people, oftentimes even in public, *yet nobody cared at all.*

Almost every day, I was posting on my social media about the innocent Asian people who were attacked by their neighbors, the Asian American children who were bullied by their classmates, the Asian Americans who were yelled racial slurs in the streets, the horrendous things the president was saying about "China virus" ... I was simply trying to raise awareness and show that even in the face of the horrible comments and posts I saw every day blaming Asians for "Kung flu," I was still proud to be a Chinese American.

Nonetheless, I saw very few people in my life — even my self-proclaimed socially conscious, liberal friends — condemn these issues, and I could count the celebrities who showed support for the Asian American community on only one hand.

There were times where I couldn't read *any* news about the

coronavirus because all I could think was *"please don't use this as an excuse to hate Chinese people."*

There were times where I was lying in bed, trying to fall asleep, and I wasn't sure I could make it to the next day.

~~~

Eventually, it was August, and it was time to go back to school. Just like freshman year, I was both nervous and excited, but this time, it was for incredibly different reasons. I was excited to see friends I hadn't seen in almost half a year, but I was nervous to experience this completely unorthodox semester.

Because of the pandemic, my school had implemented a whole host of new policies. Just to name a few, fall break was eliminated to minimize traveling, and we stayed home after Thanksgiving break. We had to take our temperature and do a daily health screening every morning before leaving our dorms. Classes were mostly hybrid … a mix of in-person and online. Extracurricular activities were virtual whenever possible. We needed to wear masks everywhere outside of our own campus residence. It was just a *lot* of *stuff*, but I at least understood the necessity of it.

This semester was simultaneously the shortest and longest semester ever. While it was slightly shortened from a typical semester, and we were only on campus for three months, the courses *dragged* on. My workload was tremendous since professors were trying to jam pack an entire semester's worth of knowledge into a slightly smaller timeframe. However, online classes and staying in my dorm the vast majority of the time shot my productivity in the leg, tied it to a rusty old pickup truck, and drove wildly through the mud while cackling like a witch. By the end of the semester, it was as if my motivation had accidentally gone home for fall break and never came back onto campus and into my brain.

However, I am so thankful for my friends, most of all my amazing roommates. While many college students have complained about social isolation during the pandemic, having six roommates helped to mitigate that for me. While the seven of us were usually alone together, we never had to be lonely.

For new college students like me, college certainly was an unorthodox new beginning; not only in ways that we were told (all the hogwash about a "new chapter in your life") but also in ways that just a year and a half ago nobody could have ever told us about.
~~~

To the Graduating Seniors

Sophia Ling

作者简介 凌子英，英文名 Sophia Ling。Park Tudor 高中毕业，现在在 Emory 大学读一年级。打算学习人类学和政治学。喜欢写作，空闲时间也喜欢写歌，是 Carmel Current 记者和 Emory Wheel 专栏作者。爱喝咖啡，吃寿司和巧克力，喜欢游泳，弹吉他、钢琴和小提琴。理想是当一名律师。

Our graduation was about the end of one chapter and the start of another; it was about all those cheesy things that people say, about how we're all united under a shared humanity and we would be with each other no matter how far we are from Park Tudor.

Please, hold your applause until the end.

Everything was white, pure and perfect. Like everyone else, I looked forward to this day, not so that I could wear a floor-length white dress and hold 18 prickly red roses and look like I was getting married – but because it meant I survived high school.

But like everyone else, when the pandemic shut down school on March 11th, I was worried I had seen all my teachers and friends for the last time, and I didn't know it. I thought that we would be confined to our homes and unable to graduate properly.

But unlike everyone else, Park Tudor was committed to giving us a memorable celebration. For a week, the Parents' Association showered us with gifts – from school merch to Insomnia cookies to flowers, parents volunteered to drive from house to house, wearing masks and hand-delivering presents.

Two months after school ended, graduation was no longer a celebration, but a motion we were walking through for the sake of pictures and the red diploma with our names on it. Though I felt bored throughout rehearsal and ready to move on from this section of life, my heart still pounded as I drove to school wearing a floor-length white dress that hung off my shoulders.

Instead of being held at the church, our graduation was in a white tent on the football field. Everyone wore masks and sat six feet apart.

All 92 graduating seniors of my class lined up in alphabetical order in the Wood Room. For all the time we spent preparing, my most prominent memory will still be when half of the girls asked the boys to carry our phones in the breast pocket of their tuxes. Brett Liebross carried mine. I thought today would be the day we wouldn't argue. I was wrong.

Brett and I argued the entire way through the five-minute walk onto the football field. The live band sitting under another tent played Pomp and Circumstance, the quintessential graduation song. The packed church pew with teachers, friends, family, and extended family was nowhere to be seen – instead, it was a simple elevated wooden podium and black stage.

Our chairs were white. Our dresses were white. The tent was white. But nothing about the time we were in was as pure, and as perfect as anyone had imagined. However chaotic it was, however weird it was to sit straight in a tight dress in a sweating mask in the middle of July (only temporarily taking it off before walking on stage) – it was our perfect graduation.

Despite the fans blowing cold air into my face, I chose to escape quickly out the tent with the rest of my friends, regrouping in the blistering heat of Indiana. Despite the uncomfortably tall shoes I was wearing and the strapless dress that kept sliding down, I dragged my mom through the checkered sea of graduated students to take pictures with anyone I could find.

I even considered taking one with Brett Liebross. The short stocky tennis player disagreed with me about everything, except for our united distaste of the speech teacher, yet I realized I would miss him too. We took no less than ten Chinese student photos; our parents lined up with cameras at varying angles and told us to squeeze closer together – none of the boys would move so I yelled from the side, "Everyone just pretend we like each other for two seconds" and we put our arms around each other like we cared.

After pictures, we all just dispersed. I drove home. 24 hours ago,

I felt like I had already graduated. I was a budding college freshman. But post-commencement, I couldn't help but still feel like a high school senior. I lost half of my final year to a pandemic that seemed not to have an end. I believed the pandemic owed me something; it owed the Class of 2020, the wrongful deaths it took, the world, an explanation.

I don't believe that anymore. The pandemic screwed up a lot of plans. It stopped me from going backpacking with two of my closest friends, returning to China to see my relatives who I haven't seen for nearly three years, travelling to Iceland for spring break, swimming – but it taught me not to take anything for granted. Even breathing.

It wouldn't be a graduation speech without some cheesy piece of wisdom at the end, would it? Congratulations, Class of 2020. We made it.

火锅

凌子英

开车从学校回家，看到家家户户都在窗外和门前放着闪亮的圣诞灯饰，听见 Spotify 广告里的圣诞音乐，我不由地想起了在中国的家人和节日气氛。由于今年突发的疫情，我已经有两年没有回上海了。每次回中国之前，爸爸都会问我，“想吃什么？想要什么？我给你买。”我的要求并不多，只想回国之后吃一次火锅就够了。

冬天是吃火锅的最佳时候。上一次为了完成我吃火锅的心愿，爸爸安排我们去正大广场的小辉哥火锅。寒冷的风在推开出租车门的一瞬间就刮在脸上。为了保暖，我把手插到口袋里，把羽绒服裹得紧紧的朝爸爸妈妈跑去，赶紧进到广场里。虽然外面冷飕飕的，广场里面香味四溢。顺着扶梯上到八楼，一路上我看到以前和朋友常去的甜品店、文具店，甚至让我回想起和朋友在钱花完的时候去麦当劳点 20 块鸡米花的情景。

最让我难忘的是火锅店门口摆着的一排排的便宜的红色塑料凳子，小孩子坐在爸爸的腿上，阿姨和外婆们在一旁打着毛线，年轻的哥哥姐姐们带着耳机听音乐或把头凑在一起打游戏。每拨人手里都握着一张有号码的小纸条。餐厅顶上的喇叭时不时会叫一个号，叫到号的人就会着急地挥手，把在那里渴望地等着就餐的家人招进店里去。

因为爸爸提前定了位，我们越过人群就直接进去了。虽然那时我感到庆幸，不用坐在那不舒服的凳子上等叫号。现在不管要我做什么我都愿意回到那一瞬间，排几个小时都愿意。

餐厅里面特别热闹，边喝酒边说话，家庭聚会朋友派对好像全部都齐聚在同一瞬间。节日气氛环绕在餐厅里，似乎我们都是一家人。有了气氛，平常的饭菜都变得加倍的香，加倍的好吃。

服务员带我们坐到了靠窗的位子。旁边桌上的火锅底料的香味扑面而来，我迫不及待地要点菜。

我们点了各种肉和丸子、虾滑、鱼滑，再加上粉丝、青菜和豆腐。我喜欢自己调的芝麻酱：两勺芝麻酱，半勺香油，半勺醋和生抽，再撒一点点糖，完美的蘸料。我们一个劲儿地下菜，捞菜，吃菜，一不小心就吃了几个小时。吃火锅不吃到撑几乎不可能。吃完了还要记得喝上几碗汤。喝汤的感受是只能意会不能言传。旁边桌上的人准备走了，听见他们咂嘴巴的声音就知道他们和我们一样吃到了火锅的精髓。餐厅外面始终有那么多人在等位，氛围一直都没变。到了傍晚人只会更多，我们周围和谐的嘈杂声变得更响了。买完单，我们摸着肚子慢慢地走向地铁准备回家。

今天我和妈妈在美国家里也吃了一次火锅。但因为疫情，只有我们两个人。我想，吃火锅最开心的不是吃到撑，而是火锅创造的气氛。火锅不仅是一顿饭，是别人的筷子不小心和你的撞到一起时的会心一笑，是看到带眼镜的朋友镜片上笼罩着雾气捡不到菜时一瞬间的同情，也是在你周围大叫大喊和你一起举杯庆祝的人的亲情感受。什么是家庭、朋友，聚会在火锅炉子旁边就是一个完美的诠释。

火锅的独特之处在于所有人用一口锅吃饭，原本难得的朋友聚会因为疫情默默地消失了。一顿没有特意安排的火锅让我想起了两年前在上海和爸爸吃火锅的场景。今年三月，从学校临时关闭到匆匆忙忙地毕业，我失去了和朋友放学后去 Broad Ripple 喝咖啡、吃甜点和寿司的快乐时光。过去的一年，我最留恋的是近距离地和家人、朋友的接触与聚会。以前总觉得和人吃饭还不如自己坐在电脑前面看电视剧来得过瘾，以前想当然觉得想要和人讲话的时候就可以开派对、组饭局，现在吵吵闹闹的年夜饭和圣诞节派对都成了奢侈品，不知道什么时候再能和朋友一起不戴口罩地聚会。失去方觉珍贵。

新冠疫情期间的失与得

Loss & Gain during the COVID Pandemic

David Rao 饶泽灵
Indiana University−Kelley School of Business
Major in Finance and Business Analytics, Junior

2020 as a whole, and certainly the summer of 2020, seems like it flew by in an instant. I wager most people felt the same way I did initially about this year, which was a sense of loss, and feeling like we had all been robbed of many of life's experiences. Whether it was planned vacations, internships, or parties, I heard many laments the loss of such possible memories. These, in addition to people who lost jobs, and those who lost loved ones, made this year feel like a string of losses for each and every person. However, I believe this feeling has caused people to cherish what they do have much more.

Sometime around January was when everyone around was joking about COVID and believing that it would simply be another one of those stories we forget about in a few months. I could have never predicted that it would become our lives in a few months; just two months later the US began lockdowns.

The first thought I remember having, when we were told that classes would go fully online, was "I can't believe that I'm going to miss out on Little 500 (IU's largest event of the year". Thoughts like these were later followed by more regretful thoughts like, "I really wish I would've hung out with my friends more". I felt like I had been robbed of my college experience and summer, and that I simply would not get that time back.

While it is true that you can never get time back once it is gone, I traded in that college time for something much more valuable. For the next few months, I spent more time with my family than I had in years; this was something I had not realized I had been missing out on. This past summer, I had the opportunity to realize the valuable time with family I had been neglecting.

I spent the summer of 2020 taking online classes, but when I had free time, I had the chance to take walks with my family, play ping-pong and tennis again for the first time since high school, not to mention getting to learn and play Mahjong together. Though these may seem like very minor events and may be seen as common ways to simply pass time, I really began to cherish these small moments with family; being away at college was a drastic change from getting this kind of family time, and this summer helped me realize that.

Due to the lockdowns, as well as warranted fears from family and friends alike, I did not see any of my friends here in my hometown from late March until late July. However, throughout this time, I was also able to still make quality memories with them using games as our medium. In the evenings, after spending time with family, I would go and play casual party games with my friends from college for hours. We were able to spend all this time just chatting and getting to know each other better, even more than we might have if we were at college.

That sense of loss I felt everyone experienced seemed to inspire friends and family alike to connect more, to share more, and to be more grateful for each other and the company of others than ever before.

A Story Told in Three Pictures

莫菀清 Jessica Mo

作者简介 2018 毕业于 Carmel 高中，目前是 Vanderbilt 大学三年级学生。今年她花了好多时间考虑新冠疫情对世界和个人的影响。她感谢有机会分享自己的感想。

Early September: my friend texts me a picture of myself. It's from February; I'm sitting on the floor of her room next to a mug of tea, feet bare, looking up at her and trying not to grin. Her next message asks if we're still on for Wednesday at 3 and I respond affirmatively. Since she's studying remotely in Memphis while I'm on campus in Nashville, we set up times to talk every week. She says that her voice sounds weird transmitted through her laptop's mic and I assure her that she sounds as she always has. There's always something to blab about for far too long, but even as we laugh at each other, I'm acutely aware that the pandemic is the reason for our physical distance. The mere act of talking online is an acknowledgment of the facticity of the situation. I tell her that if she comes back, I'll treat her to whatever takeout she wants. She says that she wants to return in the spring though isn't sure if she will, but if she does, we're getting pancakes from IHOP. Most conversations end with both of us adding entries to the list of things to do when all of this is over. Then the Zoom window blinks out and I blink too. I think to myself that I really need to buy some eye drops and cut down on my screen time. We could do phone calls instead, that's true, but she wouldn't be able to give me a tour of her nail polish collection and I wouldn't be able to show her how long my hair had gotten by flipping it every which way over my head. That picture seems like such a long time ago, but less than a year passed. The days of us drinking tea and eating microwaved pizza rolls in her dorm are gone--for now.

In a sense, though, staying in touch has gotten easier. During sophomore year, it seemed that everyone was so busy; even scheduling a lunch with more than one person would sometimes feel like squeezing the last bit of toothpaste. Now people are free all the time. Everyone says that we are living history, but at the same time, my life has become suddenly and ominously uneventful. I usually have little to say about my weekend plans. Though maybe I would have a picnic in Centennial Park with my friends. We would bask in the sun, six feet apart, and I would imagine the UV rays disinfecting my skin, making me clean. Maybe we would go on a walk around campus and stop every few steps to take pictures of the changing foliage.

The next month and a half flashes by: it's Halloween and almost 70 degrees in Nashville. In the past, I've dressed up as a whoopee cushion, an inflatable T-rex, a bumblebee. Last year, another friend told me that she had never gone trick-or-treating. I put on a sushi roll costume, she put on my old duck costume, and we went knocking on doors and asking for candy. This year, I don't order a costume. I meet up with the same friend and we sit outside of Starbucks and talk for a few hours. I forget what our topics of discussion were, but I have a picture from that day. We're standing on the curb by the library. There are leaves taped to our clothes--we had decided to dress up as trees in the spirit of Halloween. I'm making a thumbs-up sign with my left hand. Both of us are wearing glasses that signify our poor eyesight and masks that signify our vulnerability to the virus. We're smiling under our face coverings, and I think that you can tell: our eyes are crinkled upwards.

She used to hug me every time she saw me and every time, we

parted ways. Now that amount of physical contact is too much, so we bump elbows or tap our shoes together. Some of the physical cues are perpetually missing. I talk to her often but not in the way that I used to. I can't see anything below her cheekbones and when she throws her head back to laugh, I must imagine an open mouth with white teeth in straight rows along with the peals. I have to believe that her enjoyment is genuine even though I have less evidence of it; the mask represents layers of cloth and layers of potential deception. I realize that both of us must trust each other fully: that we are not using our masks to cover up irresponsible coronavirus-catching behavior or emotional disinterest.

I've almost forgotten what it's like to be around people without masks on. Movie nights over Zoom make me strangely nervous. The protagonists pile into a van for a road trip and I do a double take-- *they're not wearing masks, they're not distancing, why are they going on vacation?* --but right, this movie was made in 2015, a different time. In a way, I am deeply jealous of these characters in these fictional worlds. I'm also jealous of the version of myself that had existed before the pandemic. Had I known what would happen, I would have lived 2019 very differently. Now I jest that I'll never turn down an offer to spend time together ever again.

It won't ever be the same, though. I feel that social interactions are oddly stilted. For one, reading physical cues is difficult over video chat. We unintentionally interrupt each other and have to play the game of who will speak first. The Wi-Fi goes out and we say, "Can you hear me? You're frozen." In-person interactions are also tinged with wariness. I lean away from maskless strangers when they get too close and wonder why I ever let people that I don't know get up all in my face and breathe on me. I used to go to class and willingly sit next to a sniffling and hacking person without feeling uncomfortable at all. Now the person in line in front of me at the mail station gives the slightest cough and I narrow my eyes a little.

At least I care less about it. Awkwardness is just part of these new age conversations. I'm losing the art of small talk: what is there to talk about? The pandemic hangs over every conversation like a specter. I know it's irrational, but I almost feel guilty that I'm milling around campus while other people fight for their lives. Acquaintances ask me how things have been, and in the past, I might have said, "Things are rolling," but now I say, "You know how it is, every day is the same. Lukewarm water," because it's true that the weeks blend into each other. I go back to Indiana for our combined Thanksgiving and winter break, and I can't describe what exactly I've done in the past three months.

I scroll through my camera roll to jog my memory. A photo from early October always catches my eye. It's a picture of a full moon. Right--Mid-Autumn Festival. October 1. That evening, my friend knocks on my door and I put on a mask before turning the knob. In her hands are a book that she wants me to read and two Ziploc bags of mooncakes. Her mom had ordered the mooncakes from Taiwan; they were pineapple cake-flavored.

"Wait, there are five mooncakes."

"Yeah, my mom sent me a lot."

"Don't you want to eat them?"

"I can't eat them all. Maybe you can give them away too."

I snatch my jacket off of a bedpost and the two of us walk four flights down to the lawn. We're the only ones outside; it's eerily quiet. White circles, six feet apart from each other, are painted on the grass. We each pick a circle to sit in, then settle down and look up.

A sliver of the moon peaks out from behind a shroud of gray. We take off our masks to munch on mooncake, waiting for the clouds to drift away. I know what she looks like, but I usually only see her with her mask on; today, for some reason, she looks slightly different than the image of her in my head. Either her face is distorted, or my memory is--it's probably my memory. I pick her brain about some books that she's read recently and about the book that she's writing now. Our exchange meanders, then she tells me that she still doesn't know what field of law she's interested in. I am about to say something else when I notice that the moon is uncovered now. Both of us take out our phones to catch the fleeting moment before the clouds blanket it again. The moon is luminous. It's so beautiful and I wonder why I didn't do this last year or the year before that.

In my excitement, the mooncake falls out of my hand. My fingers roam over the grass before finding the half-eaten piece.

"Five second rule," I joke before blowing on it and popping it into my mouth.

"Ew," she says, smiling a little. She's right, but eating mooncake is a rare occasion for me, and I love mooncake, so I have to treasure what I have. I already know what's about to happen. In a minute, the moon will hide again. We'll realize that neither of us wore enough for this uncommonly cold night, and I'll suggest heading back inside. We'll see each other on the weekend, but by then, the moon will be a waning gibbous.

"It's pineapple cake-flavored. What am I supposed to do?" I laugh. I lean back and turn my gaze skywards again. The moon disappears and I feel a tinge of sadness. The moment is fragile after all. I had read that in novels and watched it in movies, but I don't think I grasped it until now.

Gratitude Exercise 2020

李梓溪 Sissi Li
Northwestern University

作者简介 2017 年本科毕业于麻州州立大学阿莫斯特分校。2020 年在美国西北大学取得传媒硕士学位，研究课题和工作经历主要为非营利和社会企业推广文化传播。

除了具备传媒知识，她还有人力资源和酒店管理的相关经历，擅长与来自不同文化背景的人群沟通。

还记得大年三十当晚在同学家吃着饺子，看着春晚，关注着国内的疫情。隔着屏幕看着奔赴战场的医护人员和每天不断飙升的数字，以为这种情况很快就会过去。3 月春假应该还是可以回国吧，疫情几个星期就能控制住了吧，那时候我真的就是这样想的。两个星期后，芝加哥有了第一位确诊的病人，身边的同学也开始抢购口罩。“武汉肺炎”、“像 SARS 的病毒”、“新冠”……那时候 COVID-19 还不是 COVID-19，它就是一个意料之外的存在，打乱了我和身边所有人的计划。原以为 2020 年将会是我人生中最璀璨的一年，但它就在这样的慌乱中开启了。

后来的一切也发生得很快：春假回国的航班被取消了；明年

就要退休的老教授赶着回学校给我们录制冬季学期的最后一节网课；学校宿舍要提前关闭……我看着我拥挤狭小的宿舍房间，无奈、无助、无力，一时间各种情绪涌上心头。就在这时候，一通由 317 区号开头的电话，给我带来了希望。身在印州的姑姑和姑父，考虑到乘坐公共交通的风险，亲自开车到芝加哥接我。我把几件贴身衣服放进背囊，穿上厚厚的羽绒服，就这样到了卡梅尔，正式开始了作为一个幸运的留学生的"抗疫"生活。

一到家里，我心心念念的马耳他 Coco 热情地朝我摇着尾巴，姑姑带我参观家里两个塞得满满的冰箱，搂着我，说："家里屯了好多粮，准备充足，你就安心在这待着吧，就当是自己家一样！"。就是这句话，让我焦虑的心静了下来，让我在冷风嗖嗖白雪皑皑的中西部，拥有了一个温暖的家。

从 3 月到 8 月，5 个月的时间里，我在印州经历见证的每一件事都成为了我人生中宝贵的收获。积极参与印州华人组织志愿活动的姑姑和学习 Nonprofit Leadership 的我成了最佳拍档。白天赶作业之余还能抽空帮印城华人医生协会（ICMA COVID-19 Relief for Indiana）做捐赠口罩的质量控制（Quality Control）。从 4 月开始，我也加入了宇童教育（Children's Eyes on the Globe）组织的活动，尽我所能帮大家在社交媒体上发布筹款信息，让奋斗在一线的医护人员能在医院里吃上一口热乎的饭菜。每天起床第一件事就是打开电脑看又有几位热心人士捐款了。就这样，日子一天一天过去，在充满对 COVID-19 的恐慌的大世界里，我在印地的安身之处成为了让我安心的小小世界。

8 月初，我在西北大学的研究生项目已经接近尾声，大家都开玩笑说我读了个"电大"。是的，从一开始计划的两个星期到最后的 5 个月，我顺利地在印州完成了学业。像当初开车去接我一样，离开家时也是姑姑和姑父一起送我去的机场。当天中午，我们和这些日子里的每一天一样，吃着姑父精心准备的饭菜。在餐桌上，吃着吃着我的眼泪就控制不住地掉了下来。回忆起那一刻的场景，感觉家里的 ABC 弟弟都被我吓了一跳。我在西北大学的第一学期，一位 Kellogg 商学院的教授曾经给我们上过一节课，Gratitude Exercise。其实这个练习很简单，就是当遇到困境的时候，还是要给自己希望，重视自己收获的东西而不是纠结于失去的东西。在印州的这 5 个月，每一天我都心怀感激。希望借这篇文章感谢在印州期间所有给过我关怀的人，让我即使身处异国他乡但却不感孤单。

A Glimpse into the Frontlines of COVID 19

Lifan Fan

I am a third-year medical student at IU School of Medicine. The following described my personal experiences, though they are likely at some level representative of many medical students across the nation. I recognize that my experiences have not been nearly as bad as many others. I never suffered financial strain due to the pandemic, went hungry or without a roof over my head. Neither did I deal directly with COVID patients. I have the utmost respect for those on the frontlines who have poured heart and soul into taking care of their patients and only hope that I can live up to their example.

"You think they'll close the testing centers because of the coronavirus?"

"They'd better not."

In March of 2020, my classmates and I were in the throes of "Dedicated"[1], a month devoted to studying for STEP 1 of our medical boards. Meanwhile, our colleagues ahead of us in school were being pulled from rotations and being graduated early to join the front lines of the battle. Match Day celebrations for fourth years, the culmination and celebration of one's medical education, were cancelled in the name of necessary safety. Our colleagues a year

[1] Dedicated: dedicated study time for Step 1, an 8-hour exam over everything learned in the first two years of medical school, the first in a series of board licensing exams on the trail to doctorhood, and arguably one of the most important because of the weight it carries with residency applications.

behind us in school were no longer able to attend in-person classes, forced into endless Zoom lectures and discussions that left them unwilling zombies imprisoned in their own homes, in front of a screen for hours a day, eyes going blurry and myopic (sure we were already chained to our screens before, but at least then we had the freedom of change of scenery and social interaction).

During this time, it seemed like we, as second year medical students were the lucky ones, because our routines were not affected in any drastic way. Lectures, classes on clinical practice, and small group discussions were already over and had been replaced instead by "Dedicated" – that nebulous, anxiety, depression, and panic inducing time that afflicted every generation of medical students across the country every year. As classes were already over, we were able to make our own schedules and to use our time as we saw fit. Therefore, initial lockdown in March did not affect the second years in the way it had affected other medical students.

Of course, an undercurrent of fear about the pandemic punctuated our days during "Dedicated". The constant announcements of increasing cases of COVID, PPE shortages, along with stories of chaos, quarantine, and mass graves in Italy, China, etc. that were abundant in the news made it difficult at times to concentrate on studying. However, even with what was going on in the world, what was really at the forefront of our minds was the STEP 1 exam. The studying was grueling. The constant preoccupation with NBMEs[1], improving our UWorld[2] percentages, and endless blurry hours of Anki[3] caused all of the days in the beginning of the pandemic to blend together.

The coffee shops closed, and we continued to study; the library closed, and we continued to study. For second year medical students during "Dedicated", nothing mattered except the STEP 1. Allowing the news to distract us from studying could be detrimental to our concentration, to our scores, and ultimately to our futures. We pushed on with only one end point in our eyes: test day. Once the exam is over, then we'd finally allow ourselves to worry about the state of our country and of the world. But then the luck for second year medical students ran out – the pandemic had forced the testing centers administering the STEP 1 exam to closed on March 16th (three days before I was scheduled to take the exam) and reality came

---

[1] National Board of Medical Examiners; official practice exams for Step 1

[2] UWorld: A question bank for board exams.

[3] Anki: A flashcard app popular among medical students

crashing down around us.

Imagine this: you're running a marathon. Then as you pass the 25-mile mark, they tell you that the finish line has been moved. To where? Not sure, just keep running. That's what it felt like to have our exams cancelled.

Initially, testing centers were projected to open back up in April. But then April came and went, and testing centers had still not reopened. When May came testing centers finally reopened, but social distancing regulations randomly culled 50% of seats. This left student scrambling to find other testing centers, driving from Indiana to Ohio, to Illinois, to Kentucky – to anywhere with an open computer 6 feet away from another computer. The day after testing centers reopened, I spent hours on the Prometric scheduling site, trying to secure a spot at a testing center. I was finally able to reschedule my test to May 2nd in West Lafayette, IN, an hour-drive north of where I lived. Many others were not as lucky as I was and were not able to reschedule their exams to a date before our third year of medical school started. They had to sacrifice their vacation time for more studying, the test still hanging above their heads, a monstrous lurker.

As spring gave way to the heat of summer, COVID cases looked like they were going down, and things were looking up. People were adapting, even thriving as they found themselves able to spend more time at home with their families. Images of clear blue skies in Beijing, crystalline settled canal waters in Venice, and seals and turtles returning to beaches abandoned by tourists inspired hope that we may have learned something from this terrible pandemic. Commercials thanking essential workers showed that communities were coming together to support each other during this difficult time. Restaurants and bars began to open back up. The PPE drought ended.

As newly minted third year medical students, my classmates and I finally started rotations, working in the hospitals and seeing real patients for the first time (barred from seeing COVID patients of course). After work, my neighbor and I would take our dogs to run the track around the local high school's football field where neighborhood kids played soccer into the golden twilight. We spent time at parks instead of bars. Had game nights with close friends instead of parties with acquaintances. For a while, it seemed like we'd make it through.

Alas, bright early summer hopefulness turned into broiling late summer frustration and resentment. People were getting sick of quarantining. Against recommendations of temperance and caution from expert officials, many people decided that the virus was as good as gone and the continued restrictions were insults to their freedoms. They were tired and angry. Small businesses had failed due to the restrictions, crushed under big businesses such as Amazon who thrived as consumers were all trapped at home. Unemployment was rising, civil rights issues came to a head across the country in cities big and small in the form of the Black Lives Matter movement. Peaceful protests with social distancing and masks during the day gave way to tear gassing and rubber bullets at night. In addition to quarantine, some cities had imposed curfews to try to curtail the unrest. Even businesses in downtown Indianapolis had put up plywood over any glass on the first floor. As I biked through the streets, I thought the scene looked nearly apocalyptic.

As medical students, we saw the effects of systemic racism both in our communities and in the healthcare field in which we were increasingly becoming part of. Black Americans account for less than 13% of the US population but are killed by police at more than twice the rate of white Americans, are disproportionately more often convicted in cases of similar crimes as white Americans and comprise 56% of the incarcerated population. Compared to white patients, black patients 18-49 are 2x as likely to die from cardiovascular disease, 50% more likely to have hypertension, and black women are 3-4x more likely to die in childbirth. In an analysis conducted at Yale University and the University of Pittsburgh, they found that black people are 3.5 times more likely to die of COVID-19 than white people. Socioeconomic, societal, and institutional racism all contribute to these disparities. As future healthcare workers, we need to be Allies, bring these disparities to light, and try to make a change. Racism is also a healthcare issue. In an overwhelming show of support for the movement, over 1,000 health care workers and students, donning masks, carrying signs, and wearing white coats inside out marched around Eskenazi, Riley, and University hospitals in a "White Coats for Black Lives" demonstration. I attended the march and watched as my friends and classmates spoke about their experiences, their voices strong, despite occasionally choking back tears. For the protests downtown, we joined teams of street medics, carrying water, first aid supplies, and rags soaked in vinegar to combat tear gas.

As summer (and a single dazzling week of fall) gave way to

gloomy and unseasonably warm winter, I found myself on a number of away rotations for school. My family medicine rotation was in rural Santa Claus, Indiana where the theme park, Holiday World, ran the economy of the whole town of about 2,400 people. Even here in this small town, COVID had left its mark. Every day I saw patients who either themselves had it or knew someone who had contracted the virus. Yet, they still complained about the masks.

In September and October, I was on my surgery rotation. Elective procedures had mostly been postponed. Things were slow (for surgery), at least at IU North. Our patient list on one day had only four patients on it (compared to University Hospital which regularly ran patient lists into the 40s). Every patient had to have a COVID test before undergoing surgery. At this point in the pandemic, precautions against the virus had become ingrained into every type of hospital operation.

In November and December, I was in Vincennes at Good Samaritan hospital for my internal medicine rotation. Now in the third wave of COVID cases in the US, I finally saw the true impact of the virus from the point of view of healthcare workers. In the emergency room, every other patient I saw lay in their bed gasping for air and struggling to breathe. Every morning I went into work, the ICU was either full or had only one or two beds free. All the COVID patients were either on ventilators or on the precipice of needing the ventilator. I witnessed one woman who had to wait in the emergency room for two and a half days before a bed opened up for her in the ICU. The entire third floor had been converted into a COVID wing. This was all unprecedented for a small rural hospital like Good Samaritan.

During my time at Good Samaritan, the only patients that I saw who were not suffering from COVID had already recovered from the illness and were thus not afraid to come in. Although non-COVID cases in the hospital seemed to be declining, in reality, people were still experiencing all of the usual health complications at the same frequency that they had been pre-pandemic. This means sick people are choosing not to come to the hospital, out of fear of contracting the virus and suffering an even worse outcome. Heart attacks, COPD exacerbations, injuries, etc all went untreated as the hospital was flooded with COVID patients. Every day, I saw my residents run ragged as the intercom overhead blared Code Blues all over the hospital. And even still, I listened incredulously as two nurses complained about their Vegas trip being cancelled due to “dumb restrictions."

When I returned to Indy, I took my IM shelf exam online, proctored over Zoom. Afterwards, my neighbor and I again tried to go to the track at the high school. The gate had long been closed and locked, new barbed wire had been strung over the fences. We crawled through a hole in the fence and jogged in the humid gloom, stark contrast against those warm, hopeful summer evenings. As I sit here, writing on Christmas Day, a grim milestone has just passed. The death tally from COVID-19 stands at 329,000+. The population of the country is 330 million. This means that one in every 1000 Americans, 0.1% of the country's entire population, has died from COVID-19. As the holiday season continues, we will undoubtedly blow past this milestone and see deaths continue to climb. The hope brought by vaccines becoming available is a fragile one, liable to be broken by recent news foretelling even more death: a new mutation of the virus has emerged in the UK, more virulent and transmissible than any that came before it. The battle continues.

后记

神仙难过庚子年，这句话的意思是，历史上的庚子年份多灾多难，所谓“太岁庚子年，人民多暴卒”（《地母经》）。今天是鼠年除夕，2020 庚子年终于要结束了! 我们，相信和许多人一样，内心感到些许欣慰，尽管是苦涩的。

为什么说 2020 年是苦涩的，盼望它赶快结束呢？天灾人祸。一波未平，一波又起。大瘟疫、大恐慌、大灾难、大 萧条、大动乱——2020 年，让人不堪回首，不愿再见。

为什么还感到欣慰呢？首先，2020 年最后的一两个月，治疗新冠的药物和新冠疫苗相继研发成功，批准上市，为日趋艰难的防疫抗疫雪中送炭，带来曙光。其次，在这过去的至暗时刻，我们看到人性的光芒依然在闪烁。我们特别注意到印第安纳本州的许多华人，在这场大灾难中表现出来的勇于担当，奋力奉献的本土公民意识和热情，他们明知疫情险，偏向险情行，成为疫情中无怨无悔的“逆行人”。其中有坚守职责，以救死扶伤为己任的医生护士（《生死之间—-疫情一线的经历》、《女儿也上了抗疫第一线》）；有不计自身利益，以一技之长为医护人员解急救难的无私奉献者（《不上战场的战士》、《闲聊四川餐馆老板赵航》）；有不顾个人安危，为抗疫一线部门和弱势群体组织募捐活动，或者直接给他们送物送餐的志愿者（《庚子无悔可追忆，宇童有缘逆行人》、《疫情无情人有情》）；更有许多爱心人士，他们发挥自己的优势，自觉自愿地为抗疫防疫做贡献（《2020，我的流水账》、《疫情中我在联络中心的亲身经历》）；还有大量值得骄傲的热心同胞，绝少分甘，把非常紧缺的防护用品分享给别人，或者默默无闻地为防疫抗疫捐款出力（《2020 居家杂记》、《一位美国医生家属的 2020》）。世界因疫情和动乱遭殃，而人性因奉献和爱心闪光。

编者感到，作为神仙难过之年的亲历者和见证者，我们有责任记录和保留这段历史，蒐集、编辑这本故事是一件有意义的事情。感谢书中的每一位作者在用英语工作学习的同时还坚持中文写作，在 2021 年的新年钟声敲响之前，如实地记录下自己的经历，分享自己的感受。没有他们的额外努力、无偿奉献，很难想象能够出版这样一本非盈利的书籍。书中的一部分文章原载于《亚美导报》，其它大部分则是作者的新作。编者在尽可能保留作者原意的基础上对全书的文图做了统一的安排和调整。

李维华提议出版本书，安排了总体规划，并承担了全部的文章取舍、图文排版、联系作者、安排印刷等方面的工作，还对有些文章做了初期的文字处理。

王继同历来支持、参与本社出版工作。此次应邀出任本书主编，负责了全书的编辑统稿工作，包括体例安排、文章正名、内容取舍、条理逻辑疏通，语言风格协调、句式语词修改、文字标点勘误等等。

Asian American Publishing（亚美出版社）是一个成立于 2011 年的非营利组织，旨在为写作同仁提供一个言论自由的发表、出版平台。面向任何作者，出版有阅读和保存价值的中英文报纸和书籍。目前，报纸在印第安纳本州刊行，书籍则发售到世界各地，为许多政府、大学、企业、民营的图书馆收藏。欢迎有兴趣的朋友跟我们联系发表出版事宜。

王继同，写于 2020 年除夕

责任编辑：王　敏

封面设计：周候芊
封面题字：钱少敏

2020，我们的故事

主编 李维华　王继同

美国　印第安纳　印第安纳波利斯
USA, Indiana, Indianapolis
www.yamei-today.com
IngramSpark
Amazon.com & aatoday@gmail.com
印张 5.5 X 8.5 英寸　字数 128,935
2021 年 10 月第一版　2021 年 10 月第一次印刷
ISBN：978–1–942038–12–2
LCCN: 2020925845

定价：$28 (USA)